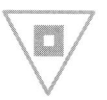

歴史的にみた英語の語形成

開拓社
言語・文化選書
54

歴史的にみた
英語の語形成

米倉 綽 著

開拓社

まえがき

Trips (2009: 2) は語形成研究について次のように述べている。

… not much attention has been paid to the diachronic study of word-formation so far. The studies cited here [Koziol (1972), Jespersen (1942), Kastovsky (1992), etc.] predominantly survey some aspects or some isolated phenomena of word-formation … without giving a detailed description and analysis of the development of these types (Sauer is the exception here). … The only comprehensive, synchronic study of word-formation that considers the diachronic perspective in some respects is Marchand's (1969) excellent work *Categories and types of present-day English word-formation.*
(これまで語形成の歴史的研究はあまりなされていない。ここに言及した研究は主に語形成の幾つかの点あるいは個々の現象を扱ったものであり，様々な型の発達を詳細に記述・分析したものではない (Sauer は例外)。時に歴史的な事実にも言及しながら，語形成を共時的観点から網羅的に論じている唯一の優れた研究は Marchand (1969) のみである)

少々長い引用になったが，Trips (2009) が述べているように，現在も歴史的観点から語形成を包括的に扱っている研究はなされていない。この意味では，本書も Trips (2009) の指摘に十分応えたものではない。

ただ，英語の語形成の全ての課題を歴史的に記述・考察するには，まず語形成の個々の問題を各時代別にあるいは主要な作家の作品 (*Beowulf*, Chaucer, Shakespeare など) や言語資料 (年代記，説教集，書簡集など) ごとに調査するか，または一つの問題に着目

v

して通時的に調査する必要があろう。たとえば，Dalton-Puffer (1996) は中英語における接尾辞へのフランス語の影響を扱ったものであり，Zbierska-Sawala (1993) は三つの作品 *Saint Juliana*, *Hali Meiðhad*, *Ancrene Wisse* に見られる接辞を調査・分析して初期中英語の語形成の特徴を明らかにしようとしている。Sauer (1992) は初期中英語で書かれた 85 のテクストにおける複合名詞と複合形容詞を綿密に調査・分析したものである。Trips (2009) は古英語から近代英語に使われている三つの接尾辞 -hood, -dom, -ship の意味的変化を考察している。

本書でも古英語から初期近代英語における語形成の課題をいくつか取り上げて，主に *Beowulf*, Chaucer, Shakespeare の作品に基づいた論述をしている。したがって，語形成のさまざまな問題を体系的に考察したものではなく，歴史的観点から英語の語形成を見た場合，どのような課題と問題点があるかを指摘した試みである。また，詳細な言語事実に基づいて論を進める観点から，できるだけ多くの例を提示している。

本書の構成は次のようになっている。まず，第 1 章では現在までの語形成研究，特に歴史的観点からの語形成研究の現状を述べる。同時に語形成の基本的概念，たとえば規定要素と被規定要素，クラス I 接辞とクラス II 接辞の区別が初期の英語にも適用できるかを検討する。第 2 章では古英語から初期近代英語における複合語の特徴を考察する。第 3 章は脚韻と派生語の関係を扱う。第 4 章ではいわゆる転換についての最近の研究を概観したうえで，チョーサーに見られる名詞転換動詞の意味特徴を明らかにする。第 5 章では派生語と単純語，特にチョーサーにおける否定接辞付加語と否定語の間に用法上の制約があるかどうかについて述べる。第 6 章では形容詞を派生する接尾辞の形態的・意味的相違および接尾辞相互の意味的類似性を調査・分析する。第 7 章では初期近代英語，特にシェイクスピアにおける複合語の形態的・統語的・意味的特徴を考察する。第 8 章では -less, -ly, -ness という三つの接尾辞を

取り上げて，語形成と文法化の関係について検討する．

　最後になったが，本書の執筆にあたり開拓社の川田賢氏にいくつかの貴重なご助言をいただいた．ここに記して感謝申し上げる．

　　2015 年 5 月 1 日

米倉　綽

目　　次

まえがき　*v*

第1章　語形成研究概観 …………………………………… *1*
 1. はじめに　*2*
 2. 語形成と形態論の関係は？　*3*
 3. 規定要素と被規定要素とは？　*6*
 4. 初期英語にクラスI接辞とクラスII接辞の区別は可能か？　*7*
  4.1. 現代英語の場合　*7*
  4.2. 古英語の場合　*9*
  4.3. 中英語の場合　*10*
  4.4. 初期近代英語の場合　*13*

第2章　複合語の特徴とは？ …………………………………… *17*
 1. はじめに　*18*
 2. 古英語の複合語の特徴とは？　*19*
 3. 中英語の複合語の特徴とは？　*26*
 4. 初期近代英語の複合語の特徴とは？　*30*

第3章　派生語形成は脚韻と関係があるか？ …………………… *37*
 1. はじめに　*38*
 2. 創作作品の場合　*38*
 3. 翻訳作品の場合　*42*
 4. 創作作品，翻訳作品の区別と無関係の場合　*49*
 5. J. ガワーの *Confessio Amantis* の場合　*51*

ix

第4章　転換とは何か？ ……………………………………… 53

1. はじめに　*54*
2. ゼロ形態素（ゼロ接尾辞）とは何か？　*55*
3. 転換の方向を決める基準は何か？　*57*
4. Clark and Clark (1979), 影山・由本 (1997) と Nagano (2008)　*65*
5. チョーサーにおける名詞転換動詞の意味特徴　*69*
6. 臨時語 (nonce word) とは何か？　*77*

第5章　派生語と単純語の競合
　　　──否定接辞付加語と否定語── ……………………… 83

1. はじめに　*84*
2. チョーサーにおける否定接辞付加語と否定語の競合　*85*
   2.1. 否定接頭辞 un- と in-　*85*
   2.2. 否定接辞付加語が義務的な場合　*86*
   2.3. 「否定語＋単純形容詞」の場合　*105*

第6章　形容詞派生接尾辞の形態的制約と意味
　　　──チョーサーの場合── ……………………………… 111

1. はじめに　*112*
2. 形容詞派生接尾辞の形態的・意味的相違と類似性　*113*
   2.1. 接尾辞 -able　*113*
   2.2. 接尾辞 -al　*117*
   2.3. 接尾辞 -ary　*119*
   2.4. 接尾辞 -ed　*120*
   2.5. 接尾辞 -ful　*124*
   2.6. 接尾辞 -ic　*126*
   2.7. 接尾辞 -ing　*126*
   2.8. 接尾辞 -ish　*131*
   2.9. 接尾辞 -ive　*134*

 2.10. 接尾辞 -less *135*
 2.11. 接尾辞 -ly *137*
 2.12. 接尾辞 -ous *138*
 2.13. 接尾辞 -som *139*
3. 形容詞派生接尾辞の意味の相互関係 *141*

第7章 初期近代英語における複合語の形態的・統語的・意味的特徴——シェイクスピアの場合—— *145*

1. はじめに *146*
2. 複合語の種類と形態 *148*
 2.1. 複合語の種類 *148*
 2.2. 複合名詞の形態 *149*
 2.3. 複合形容詞の形態 *156*
 2.4. 複合副詞の形態 *164*
 2.5. 複合動詞の形態 *164*
3. 複合名詞と複合形容詞の統語的・意味的特徴 *168*
 3.1. 複合名詞の場合 *168*
 3.2. 複合形容詞の場合 *172*

第8章 語形成と文法化 *185*

1. はじめに *186*
2. -less の文法化 *189*
3. -ly の文法化 *194*
4. -ness の文法化 *199*

あとがき *209*

参考文献 *211*

索　引 *221*

第 1 章

語形成研究概要

1. はじめに

　語形成 (word formation) とは何かを述べる前に，語形成研究について概観しておきたい。この分野の研究には Jespersen (1942), Marchand (1969), Aronoff (1976), Allen (1978), Adams (1978, 2001), Kastovsky (1982), Quirk et al. (1985), 並木 (1985), 大石 (1988), 島村 (1990), Štekauer (1996), 影山・由本 (1997), 伊藤・杉岡 (2002), Plag (2003), Lieber (2004), Bauer (2005), Brinton and Traugott (2005), 西川 (2006), Nagano (2008) などがある。これらの研究は現代英語における接頭辞，接尾辞，転換，逆形成，そして複合語の規則性，生産性，阻止現象，接辞付加の統語的特徴，派生語および複合語の意味的特徴あるいは語彙化を論じている。また，英語だけではなく他の言語における語形成を扱っている研究に Spencer and Zwicky (1998) があり，さらに語形成の百科事典的な文献に Booij et al. (2004) があげられる。

　一方，古英語 (Old English) の語形成を概観している研究に Kastovsky (1992) があり，古英語におけるゼロ形態素 (zero-morpheme)[1] によって動詞から派生した名詞 (deverbal noun) を論述したものに Kastovsky (1968) がある。さらに，Terasawa (1994) では複合名詞 (compound noun) と韻律 (meter) との関係が論じられている。中英語の語形成全般を扱っている研究には Burnley (1992) がある。Sauer (1992) は初期中英語 (Early Middle English) の主に複合名詞と複合形容詞 (compound adjective) を形態的基準および統語的・意味的基準から論じている。Zbierska-Sawala (1993) は Langacker (1987) の認知文法理論 (cognitive linguistics) に基づいて，*Ancrene Wisse* および Katherine Group における接辞派生 (affixation) を考察したものである。

---

[1] ゼロ形態素については後に論じる第4章の転換を参照。

Dalton-Puffer (1996) はヘルシンキ・コーパス (Helsinki Corpus) を用いて中英語における接尾辞 (suffix) にどの程度古フランス語 (Old French) の影響があるかを明らかにしている。Trips (2004) は現代英語に使われている三つの接尾辞 -hood, -dom, -ship の意味と生産性 (productivity) を通時的に論じたものである。Palmer (2009) では，古フランス語から借用された接尾辞 -age, -ity, -cion, -ment が 14 世紀から 16 世紀の英語においていかに生産的であったかを明らかにしている。Mühleisen (2010) は電子コーパスを利用して近代英語から現代英語に至るまでの接尾辞 -ee の生産性を扱っている。Lloyd (2011) では中英語期にフランス語から借用された 5 つの接尾辞 -ment, -ance/-ence, -ation, -age, -al の意味的相違が論じられている。初期近代英語の語形成については Nevalainen (1999) に詳細な論述がなされている。また，古英語から初期近代英語の接頭辞 (prefix)，接尾辞，転換 (conversion)，複合語を概観したものに米倉 (2006) が，中英語から近代英語までの転換を歴史的に考察した研究に Biese (1941) がある。

現代英語における語形成を扱っていると言っても，Jespersen (1942)，Marchand (1969)，Nagano (2008) のように歴史的な考察を含む研究もある。しかし，このように見てみると，やはり現代英語の語形成を論じた研究はかなり多く，それに比べると歴史的な研究成果はまだ少ないと言えよう。

そこで，本書ではこれまでの先行研究を踏まえて，英語の語形成の幾つかの課題を歴史的に考察することで，現代英語に至るプロセスを少しでも明らかにしたい。

2. 語形成と形態論の関係とは？

語形成は広い意味では，現代英語の場合と同じように，形態論の一部であると言える。したがって，一般には次の二つに区分できよ

う。[2]

```
             ┌─ 屈折形態論
      形態論 ─┤
             └─ 派生形態論（語形成）
```

屈折形態論 (inflectional morphology) とは屈折接辞 (inflectional affix) によって生じる語形変化を扱う分野である。たとえば, look (OE locian（見る）) + -ed で過去形 look-ed（見た）となる場合, 屈折接尾辞 (inflectional suffix) の -ed が look に付加されていることになる。この -ed は look の意味や品詞を変えることはなく, 単に「過去形」という文法的変化を生じさせているだけである。一方, 派生接辞 (derivational affix) はこの屈折接辞とは性質が異なる。まず次のチョーサーの *The Canterbury Tales* からの引用を見てみよう。

(1) Looke of Egipte the kyng, daun Pharao,
     His **bakere** and his butiller also

                                      (Chaucer *CT* NPT 3133-34)

     (＝Look at the king of Egypt, mighty Pharaoh, his **baker** and his butler also)

     (エジプトの王ファラオ様や, 彼のパン焼き職人や執事も見なさい)[3]

この例に見られる bak-ere (＝bak-er（パン焼き職人）) の場合は, 動詞 baken (＝bake（パンを焼く）) に動作主を表す接尾辞 -er(e) が付

---

[2] 並木 (1985: 3) および米倉 (2006: 5) を参照。

[3] 引用したテクストは Benson (1987)。ボールド体は筆者。日本語訳は笹本 (2002) を参照しているが, 引用の構造理解のため, 筆者の判断で部分的に変更している場合もある。本書での他の引用でのボールド体および日本語訳も同様である。

加された形態構造となっている。つまり，品詞（動詞→名詞）と意味（「パンを焼く」→「パン焼き職人」）に変化が生じている。したがって，語形成はこの派生形態論 (derivational morphology) に属する言語学的分野と言える。

　複合語もこの派生形態論で扱われるべき語形成である。次の例を見てみよう。

(2) … **brimwylm** onfeng
　　　sea flood　received
　　hilderince. Ða　wæs hwil dæges
　　battle man　then was　time of day
　　ær he þone grundwong ongytan mehte.
　　before the　bottom　　perceive could
　　　　　　　　　　　　　　　　(*Beowulf* 1494b-1496)[4]
　　(＝the sea flood received the battle man. Then the time of the day was before he could perceive the bottom)
　　(海の寄せ波が受け入れた，その武士を。それから彼が水底を見ることができるまでにその日の長い時間が経過した)

この例での brim-wylm (sea + flood) と hilde-rince (battle + man) は，それぞれ（　）に示した二つの名詞からなっている。しかし，これらの例は，単に二つの名詞が並列して用いられているのではなく，二つの名詞の結合によって，それぞれ「海の寄せ波」と「武士」という特殊な意味を表す複合名詞になっている。別の言い方をすれば，語彙化 (lexicalization) していると言える。

　このように，語形成は構成要素の形から見れば，形態論の分野と考えられるが，後の章で触れるように，意味の特殊化・語彙化という観点からすれば，意味論 (semantics) あるいは語彙論 (lexicology) の領域ともなる。

───────────
　[4] 引用したテクストは Fulk et al. (2008)。

3. 規定要素と被規定要素とは？

　派生語も複合語も最後の要素（通常は第2要素）が一般的な意味を表し，それを前置されている要素（第1要素）が限定する形態的構造をなしている。たとえば，teacher「教師」の場合，動作主を表す接尾辞 -er は「～をする人」という一般的な意味を持っているが，この接尾辞の前に動詞 teach が置かれることで，「〈何かを〉教える人」→「教師」となり，限定的な意味が生じる。また，複合名詞 pine tree「松の木」の場合，tree は特定の木ではなく一般的な「木」であるが，これに pine が結合されることで，「木」の意味範囲が限定されて「松の木」という特殊な意味を表すことになる。

　このような現象を，Marchand (1969: 3) および Kastovsky (1992: 356) の少々難しい定義で表現すると，「語形成とは規定要素 (determinant) と被規定要素 (determinatum) からなる語彙的な統語体 (lexical syntagma) である」となる。

　規定要素とは修飾的要素 (modifier)，つまり第1要素であり，被規定要素とは主要語 (head)，つまり第2要素を指している。これは接辞付加による派生語にも複合語にも言えることである。

　このことをもう一度現代英語の例で見てみよう。たとえば，speaker（話し手，話者）の場合，動詞 speak は動作主を表す接尾辞 -er の意味を規定しており，したがって speak が規定要素であり，-er が被規定要素となる。また，複合語 toll-gate（料金所）では，右側の名詞（第1要素）gate が単なる「出入り口」ではなく，左側に現れている名詞（第2要素）toll（通行料）によって「通行料を徴収する出入り口」，つまり「通行料徴収所，料金所」となり，gate の意味が限定されている。したがって，toll が規定要素であり，gate が被規定要素となる。

　このような分析は古英語，中英語，(初期)近代英語についても言えることである。これを図示すれば以下のようになる。

古英語

	規定要素	被規定要素	
派生語	freond (= friend)	-scipe (= -ship)	freondscipe (= friendship (友情))
複合語	folc (= folk)	cyning (= king)	folc-cyning (= folk-king (国王))

中英語

	規定要素	被規定要素	
派生語	grace (= grace)	-les (= less)	graceles (= without grace (品のない))
複合語	sed (= seed)	foul (= fowl)	sed-foul (= seed-foul (種子食い鳥))

(初期)近代英語

	規定要素	被規定要素	
派生語	church (= church)	-like (= -like)	church-like (= pious (信心深い))
複合語	hus (= house)	wife (= wife)	huswife (= hussy (自堕落女))

4. 初期英語にクラスⅠ接辞とクラスⅡ接辞の区別は可能か？

4.1. 現代英語の場合

現代英語における接辞にはクラスⅠ接辞 (class Ⅰ affix) とクラスⅡ接辞 (class Ⅱ affix) という2種類がある。この区別によれば、ある基体 (base)[5] に接辞が付加される場合、まずクラスⅠ接辞が

---

[5] 語形成では基体の他に語根 (root),語幹 (stem) という用語も使われるので、その相違を説明しておく。語根とは語からすべての屈折接辞と派生接辞を取り除いた要素である。たとえば、singers では屈折接辞である複数の -s と派生接辞である -er を除いた sing が語根となる。複合語であれば、たとえば boyfriend では、boy と friend がそれぞれ語根となる。語幹とは語から屈折接辞を除いた要素なので、singers では singer が語幹となる。基体とは屈折接辞であれ派生接辞

付加され，その後クラスⅡ接辞が付加される。たとえば，un-hero-ic（英雄らしくない，臆病な）を例にとれば，hero（英雄）という名詞（＝基体）にまずクラスⅠ接辞である -ic が付加されて，heroic となり，その後この heroic（英雄的な）にクラスⅡ接辞 un- が付加されて unheroic となる。つまり，クラスⅠ接辞とクラスⅡ接辞の区別は語の形態的形成の順序を明らかにするために極めて重要な区別であるということになる。

この区別は初期の英語，すなわち古英語や中英語でも可能なのか。現代英語ではクラスⅠ接辞とクラスⅡ接辞を区別するには主に次の五つの条件が必要となる。[6] (i) クラスⅠ接辞が付加されると強勢移動が生じる：elástic（弾力性の）→ elastíc-ity（弾力性）ではクラスⅠ接尾辞である -ity が付加されたため強勢移動が生じている。(ii) クラスⅠ接辞が付加されると形態音韻的（morphophonemic）変化（形態と音の両方に生じる変化）が生じる：in- + possible → im-possible（不可能な）では否定を表すクラスⅠ接頭辞が付加されて綴り字が in- から im- に変化している。音価も /in/ から /im/ に変化している。この音変化は後続する両唇音の /p/ の影響により，in- の /n/ 音が /m/ になったものである。(iii) クラスⅠ接辞はクラスⅡ接辞の内側に付加され，その逆はない：leader-less（指導者のない）→ *leader-less-ity では，-less がクラスⅡ接辞であるため，-less の外側にクラスⅠ接辞の -ity が付加されることはない。(iv) クラスⅠ接辞は語より小さな形態素に付加されることがあるが，クラスⅡ接辞は常に語に付加される：loc-al（地方の）では語より小さな形態素 loc- にクラスⅠ接辞 -al が付加されている。(v) クラスⅡ接頭辞と基体とはいわゆる因数分解の関係（共通部分を一

であれ接辞付加を受ける要素を指している。singers でいえば，-er 付加を受ける基体は sing であり，-s 付加を受ける基体は singer となる。

[6] (i) から (vi) の条件については大石（1988: 37-50）で詳しく説明されている。

つにまとめること）になる：socio-linguistics and economics（社会言語学と社会経済学）ではクラス II 接辞 socio- によって linguistics と economics が一つにくくられている。(vi) クラス II 接辞は複合語に付加される：turnover-less（変更のない）では turnover（変更）という複合名詞にクラス II 接尾辞 -less が付加されている。つまり，クラス I 接辞は複合語とは結合できない。

以上のような条件が古英語，中英語，初期近代英語にも言えるかどうかを以下で検討する。[7]

4.2. 古英語の場合

まず古英語の場合である。古英語では ònfón (v.)（= receive（受け入れる））→ ándfèng[8]（= reception（受け入れ））がみらる。接頭辞 on- は動詞 fon（手に入れる）に付加すると弱形 òn- となり，名詞 feng（掴むこと）と結合すると強形 ánd- となっている。つまり，強勢の位置と形態に変化が生じている（基体の fón が fèng に変化）。この意味では (i) と (ii) の条件を満たしている。しかし，in-（～の中に）が lagian（制定する）に付加して in-lagian（法の保護下に復権させる）になっても in- が il- に変化する例はないので，(ii) の条件を満たしているとは言えないであろう。古英語には (iii), (iv), (v) に該当する例は見られない。(vi) の複合語にクラス II 接辞が付加する例は ed-wit-lif（= life of disgrace（不名誉な人生，恥を忍んで生きること））(*Beowulf* 2891) [ed-（繰り返し，逆転）などを表す接頭辞 + wit（= torture）+ lif（= life）]，æl-miht-ig（= almighty（全能の））(*Beowulf* 92) [æl（= all）+ miht（= might）+ -ig（～の特徴のある，～で一杯の）を意味する接尾辞] などがある。

---

[7] 古英語，中英語，初期近代英語に関するクラス I 接辞とクラス II 接辞の区別については Yonekura (2006: 385-395) および米倉 (2006: 8-15) に基づいて修正・加筆している。

[8] onfeng 形も見られる。なお，Bosworth and Toller (1921) を参照。

以上の説明で明らかなように，(i) から (vi) の条件に相当するのは (i) と (vi) のみである。したがって，古英語ではクラス I 接辞とクラス II 接辞の区別は認められない。

4.3. 中英語の場合

次に中英語の場合であるが，まず，チョーサーからの例を見てみよう。

(3) And smále fóweles máken melódye   (GP 9)[9]
  (= and small birds make melody)
  (そして小鳥たちが歌をさえずる)
(4) So wómmanly, with vóis melódious,   (Tr 5.577)
  (= so womanly, with melodious voice)
  (とても女性らしく振る舞い，爽やかな声を発して)

韻律分析をした上記の例では，(3) の melodye の e のところに強強勢が置かれているが，(4) の melodious においては melodye に接尾辞 -ous が付加されたために最初の o のところに強強勢が移動している。これは -ous がクラス I 接辞であるためである。

(5) And lat óure sórwe sýnken in thýn hérte."   (KnT 951)
  (= and let our sorrow sink in your heart)
  (我々の悲しみをあなたの心にお沈めください)
(6) This sórweful prísoner, this Pálamóun,   (KnT 1070)
  (= this sorrowful prisoner, this Palamon)
  (この悲しみにくれる囚われ人，パラモン)

(5) の sorwe と (6) の sorweful の場合は強強勢はともに同じ o のところに置かれている。これは -ful がクラス II 接辞であることを意味していると考えられる。

---

[9] 各母音字の上に付けられている ´ は強強勢，ˣ は弱強勢を意味している。

この事実は (i) の条件を満たすものと思われる。ただし，上にあげた四つの例はすべて韻文であり，韻律の要求から本来の言語学的な強強勢とは異なる場合もある。

(7) With that he seith, I holde it ferme and stable;
　　 I seye the same, or elles thyng semblable.

(MerT 1499-500)

(＝With what he says, I hold firm and I say the same and something similar)

(彼が言うことに対しては断固として従いますし，同じことを言うか，あるいは似たようなことを申します)

この例では semblable が前行末の stable と韻を踏むために強勢パターンが［弱強弱］となっており，強強勢は接尾辞 -able に置かれて，韻律の制約から semblable になっていない。このような問題はあるが，上にあげた melodious や sorweful に見られるように，中英語の多くの場合 (i) の条件に添うものと考えてよいであろう。

　接頭辞 en- と in- は基体に付加されると音韻同化 (assimilation)［周辺の音に影響されてその音に近い音に変化すること］を生じる。つまり，基体の語頭音が /m, b, p, r/ で始まる場合，en- と in- は形態的・音韻的変化を生じて em-, im-, ir- になる。たとえば，チョーサーでは次のような例が見られる：

　　embrouden（＝embroider（刺繍を施す））　　　　　(GP 89)
　　emplastren（＝gloss over（体裁を繕う））　　　　(MerT 2297)
　　immortal（＝immortal（不滅の））　　　　　　　　(*PF* 73)
　　impossible（＝impossible（あり得ない））　　　　(FranT 1549)
　　importable（＝unbearable（耐えられない））　　　(MkT 2602)
　　imposicioun（imposition（負担））　　　　　　　(*Bo* 1.pr4.82)
　　irreguler（＝in violation of church law（戒律を犯して））

(ParsT 782)

irreverence (= irreverence (不敬)) (ParsT 391)

ウィリアム・キャクストン (William Caxton) が英国に印刷術を導入するのは1476年である。それまでは手書きのいわゆる写本の時代であるから，まだ発音と綴り字の関係は不安定であり，enbrouden (*HF* 1327), inpossible (*MerT* 1607), inportable (*ClT* 1144) のように，en-, in- のままで音変化をしていない例も若干みられる。しかし，多くの場合は上記のような現象が観察されるので，(ii) の条件を満たしていると言える。

クラス II 接辞の外側にクラス I 接辞は生じないという制約は中英語にも言える。

   *joy-ful-ity   *jugge-ment-al
    II I   II I

これらの語は，-ful と -ment はクラス II に属する接尾辞であり，それぞれの外側にクラス I に属する接尾辞である -ity と -al が付加されることはないことを示している。

次に，チョーサーには etern-al (= eternal (永遠の)) (*Tr* 4.1062), liber-al (= generous (寛大な)) (*Mel* 1825), fracc-ioun (= fraction (断片)) (*Ast* Pro 74) などの派生語が見られる。しかし，etern-, liber-, fracc- はいずれも単純語 (simple word) ではない。単純語より小さな要素にはクラス II 接辞は付加できない。つまり，-al と -ioun はクラス I 接尾辞ということになる。この事実から，これらの派生語は (iv) の条件を満たしていると言える。

次に，複合語にクラス II 接辞が付加されるかどうかであるが，チョーサーにも market-betere (= market-beater (市場を喧嘩腰でほっつき歩く人)) (*RvT* 3936), harm-doynge (= act of doing harm (悪行)) (*Mel* 1582), bakbitere (= backbiter (陰口屋)) (ParsT 495), soothfastnesse (= truth (誠実)) (*ClT* 796), soothfastly (= truly (本当に)) (*Bo* 3pr10.37) などの例が見られる。しかし，最初の二つの

複合語と後の三つの複合語では形態的構造が異なる。つまり，market-betere は [market (n.) + [bet (v.) + -ere]$_N$]$_N$ であり，harm-do-yng は [harm (n.) + [do (v.) + -ing]$_N$]$_N$ という構造になっている。この構造から明らかなように，market-betere は market と -ere 派生語 betere からなる複合語であり，harm-doyng は名詞 harm と -yng 派生名詞 doyng からなる複合語である。したがって，複合語であることに間違いはないが，-ere と -yng は，それぞれの形態的構造から明らかなように，複合語に付加されているのではない。一方，bakbitere の構造は [[bak (adv.) + bite (v.)]$_V$ + -(e)re]$_N$, soothfastnesse の構造は [[sooth (n.) + fast (a.)]$_A$ + -nesse]$_N$, soothfastly の構造は [[sooth (n.) + fast (a.)]$_A$ + -ly]$_{Adv}$ となっている。すなわち，それぞれの形態的構造は bak-bit-ere, sooth-fast-nesse, sooth-fast-ly とも複合語 bakbit にクラス II 接尾辞 -(e)re が，複合語 soothfast にクラス II 接尾辞 -nesse と -ly が付加されている。したがって，この三つの語は，前の二つの語とは異なり，複合語にクラス II 接辞が結合して派生した語となる。この事実から，(vi) の条件を満たしていることになる。

4.4. 初期近代英語の場合

まずシェイクスピアからの次の引用を見てみよう。

(8) a. But what said Warwick to these **injuries**? (*3H6* 4.1.107)
   (で，ウォリックはこのような侮辱に対して何と言った？)
   b. Call me their traitor, thou **injurious** tribune!

(*Cor* 3.3.69)

(おれが民衆の裏切者だと！ 無礼な護民官めが！)

上にあげた二つの例は，(8a) の injuries に -ous という接尾辞が付加されると injuri-ous と強強勢の位置が移動することを示している。次の例はどうであろうか。

(9) a. Let us háve knówledge at the **cóurt** of guárd.
   (詰所にいるから知らせるんだぞ)   (*1H6* 2.1.4)
   b. To prómise is most **cóurtly** and fáshionable;
   (約束は時代の先端を行く優雅な風習である) (*Tim* 5.1.27)

強強勢の位置をみてみると, (9a) では cóurt であり (9b) でも cóurt-ly となっており変化がない。

以上のことから明らかなように, 強強勢の移動が見られるのは, -ous がクラス I 接辞であり, -ly がクラス II 接辞であるからでる。したがって, (i) の条件を満たしていることになる。

シェイクスピアには次のような語が見られる。

embayed (= locked in a bay (港に避難して))   (*Oth* 2.1.18)
importance (= subject matter (主題))   (*WT* 5.2.18)
irregular (= disorderly (無軌道な))   (*Jn* 5.4.54)
irremovable (= inflexible (頑固な))   (*WT* 4.4.509)

これらの例は /b, p, r/ の音で始まる語の前に置かれる en-, in- が em-, im-, ir- となり, 形態的・音韻的変化を生じていることを示している。この事実は (iii) の条件に一致していることを意味する。

次に語より小さな形態素にクラス I 接辞が付加されるかどうかを見てみよう。

eternal (= immortal (不死身の))   (*Mac* 3.1.67)
liberal (= unrestrained (無軌道な))   (*MV* 2.2.185)

ここにあげた etern-al と liber-al の基体にあたる etern- も liber- も語より小さな単位の形態素である。したがって, このような形態素にはクラス I 接辞しか用いられないことから考えて, シェイクスピアでも (iv) の条件は満たされていることになる。

(v) の条件はシェイクスピアを含む初期近代英語でも見られないので, (vi) の複合語にクラス II 接辞が結合するかどうかを見てみ

よう。

  unsteadfast（＝precarious（危険をはらむ）） (*1H4* 1.3.193)
  soothsayer（＝prophet（予言者）） (*JC* 1.2.19)
  cony-catching（＝cheating（いんちきな）） (*MWW* 1.1.124)

最初の unsteadfast は [un- + [stead (n.) + fast (a.)]$_A$]$_A$ の構造を，次の soothsayer は [[sooth (n.) + say (v.)]$_V$ + -er]$_N$ の構造を，三つ目の cony-catching は [[cony (n.) + catch (v.)]$_V$ + -ing]$_A$ の構造をもっている。これらの形態的構造から，un-stead-fast にはクラス II 接頭辞の un- が，sooth-say-er と cony-catch-ing にはそれぞれクラス II 接尾辞の -er と -ing が付加されていることが明らかである。

 これまで初期の英語にもクラス I 接辞とクラス II 接辞の区別が可能かを検討してきた。その結果，古英語では (i) の条件を満たしている以外はこの区別を可能にする形態的事実はない。中英語と初期近代英語においては (v) のいわゆる「因数分解」のできる形態的特徴は存在しないが，これ以外はすべて確認できた。したがって，中英語から（初期）近代英語においても，現代英語と同じように，クラス I 接辞とクラス II 接辞の区別はありえると考えられる。

第 2 章

複合語の特徴とは？

1. はじめに

　単純語（simple word）と複合語（compound）の区別はいかなる基準によるのかは現代英語においても難しい問題である。たとえば，book（本）も text-book（教科書）も語（word）であるが，book は単純語，text-book は複合語と呼ばれる。

　現代英語においてもすべての複合語に当てはまる基準があるわけではないが，ある程度の基準は考えられる。そこで，大石（1988: 77-82）に従って，おもな基準を紹介しておく。[1]

　たとえば，green house は「緑色の（ペンキなどを塗った）家」という意味と考えれば「緑色の」を表す形容詞 green と「家」を表す名詞 house からなっている統語的結合（ここでは名詞句）であるが，「温室」と解釈すれば複合語となる。この「温室」という意味は green と house という二つの語から直接導き出せるものではなく，意味が特殊化している。このような現象は語彙化（lexicalization）とも呼ばれている。なお，「温室」の意味では greenhouse と表記される。しかし，複合語がこのように1語で示されるか，ハイフンを用いて green-house となるか，green house のように離して書かれるかは複合語であるという根拠にはなりえない。たとえば，small talk（世間話）のように離して表記されても複合語となっている場合はいくらでも見られる。

　次に，この small talk を very という副詞で修飾して *very small talk と言えるか，small を比較級にして *smaller talk が可能か，small を述語の位置にして *the talk is small と書き換えられるかと考えた場合，いずれも不可能である。つまり，複合語にはこのような統語論的な操作は許されない。

　もう一つは強勢パターンに関する基準である。上にあげた green

---

[1] 複合語の基準については Marchand (1969: 20-24) でも詳しく論じられている。

house を grèen hóuse（つまり，弱強型）とすれば，名詞句であり，gréen hòuse（つまり，強弱型）とすれば複合語となる。強勢パターンには chócolate fróg（チョコレート製カエル）（強強型）のようなパターンもあるが，多くの場合は強弱型である。

　以上，主な三つの基準を紹介したが，3番目の基準は初期の英語では韻律の制約などから，統語的結合か複合語かの区別にはほとんど機能しない。1番目と2番目の基準は初期の英語にもある程度可能な基準と考えられるので，以下ではこれらの基準を考慮しながら，初期の英語の複合語を考察する。

2. 古英語の複合語の特徴とは？

　古英語期には複合語が語彙の拡大に最も寄与していた。[2] 特に，複合語の中でも複合名詞は極めて頻繁に用いられていた。そこで，ここでは複合名詞に限ってその特徴を見てみたい。

(1) Ðonne　wæs þeos medoheal on morgentid,
    however was this mead-hall in morning
    drihtsele　　dreorfah　　þonne dæg lixte,
    princely hall blood-stained when day shone
    eal bencþelu　　blode bestymed,
    all bench-planks blood drenched　　(*Beowulf* 484-86)
    (=however this mead-hall or princely hall was blood-stained in the morning, and all bench-planks drenched with blood when day shone)
    (だが朝になればこの密酒の広間は，家臣の館は血ぬられていた。日が差したとき，すべての長椅子の板は血に濡れていた)

(1) の引用では medoheal（medo（蜂蜜酒）+ heal（館））（蜜酒の広

---

[2] Baugh and Cable（2002: 65-66, 183）を参照。

間), morgentid (morgen (朝) + tid (時間)) (朝), drihtsele (driht (家臣) + sele (館)) (家臣の館), bencþelu (benc (椅子) + þelu (板)) (長椅子の板) の4語がそれぞれ (　) 内に示した名詞からなる複合名詞として使われている。さらに、**medoheal** と **morgentid** は /m/ で頭韻 (alliteration) を、**drihtsele** は **dreorfah** と **dæg** の /d/ で頭韻を、**bencþelu** は **blode** と **bestymed** の /b/ で頭韻を形成している。つまり、これら四つの複合名詞は頭韻を成立させるために造られた複合語と考えられる。

(2) wyrmas ond **wildeor**. Hie on weg hruron,
    serpent and wild-beast They away rushed
    (*Beowulf* 1430)
    (= the serpent and the wild-beast, they rushed away)
    (蛇や獣が。それらは急いで立ち去った)

ここでは wildeor (wild (野生の) + deor (動物)) (獣) が **wyrmas** と **weg** の /w/ で頭韻となっている。この wildeor は (　) で示したように、「形容詞+名詞」からなる複合名詞である。「形容詞+名詞」型の複合名詞の場合は第1要素の形容詞の屈折形態から複合語と判断できる。つまり、この例での deor は中性・複数・対格の名詞であるから、wil(d) を単なる名詞句 (= 統語的結合) の形容詞ととれば、deor の形に合わせて中性・複数・対格の屈折語尾 -u を持つ wil(d)-u になるはずである。ところが、wil(d) は複合名詞を形成する第1要素となっているため wil(d)-u という語尾変化をしていない。次の例でも同じことが言える。

(3) þæt wæs hildesetl **heahcyninges**
    it was battle-seat great king (*Beowulf* 1039)
    (= it was the great king's battle-seat)
    (それは大王の戦いの座であった)

(3) の例では heahcyninges (heah (高い、偉大な) + cyning (王))

(大王）が「形容詞＋名詞」からなる複合名詞となっている。第 2 要素の cyninges は男性・単数・属格形だから，名詞句だとすると第 1 要素の形容詞 heah は同じく男性・単数・属格形の heah-es になるべきである。ところが，heah となっているのは heahcyninges が複合名詞だからということになる。古英語では屈折語尾の機能がまだ十分維持されていたので，もし第 1 要素が文中で用いられるときは，性・数・格・人称・時制・法という文法的特徴が必要となるが，複合語では第 1 要素が名詞でも形容詞でも無屈折形が普通である。ただ，次の例のように屈折形で現れている場合もまれに見られる。

(4)　… þa　þæt **hildebil**
　　　　then the battle-sword
　　forbarn　　brogdenmæl,
　　burned up woven sword　　　　　　(*Beowulf* 1666b-1667a)
　　(= then the battle-sword, the woven sword burned up)
　　（すると，あの戦刀，つまり，波紋様を施された刀は燃え尽きた）

この例での hildebil の第 1 要素の hilde は強変化女性名詞 hild (= battle) の単数・属格となっている。

　(1) と (2) の例でみてきたように，古英語の複合語の多くは頭韻の要求による場合が多い。もちろん，次の例のように頭韻とは全く関係のない散文にも複合語は多少見られる。

(5)　On mines fæder　huse　synt manega **eardungstowa**
　　in　 my　 Father's house are　many　 dwelling-places
　　　　　　　　　　　　　　　　　　　(*OE Gospels* John 14:2)[3]
　　（私の父の家には住むところがたくさんある）

---

[3] 引用しているテクストは Liuzza (1994)。

(6) 7 þy ilcan geare ofer Eastron ymbe **gang dagas**
and the same year after Easter about Rogation Day
oþþe ær, æt eowde se steorra þe mon on boc
or before appeared the star which man in book
læden hæt cometa,
Latin is called comet

(*Saxon Chron.* 892(A), 1-2)[4]

(=and the same year after Easter, about Rogation Day or before, the star which is called 'comet' in the Latin book appeared)

(復活祭の後，祈願行列の頃，あるいはその前に，ラテン語で彗星と呼ばれている星が現れた)

(5)の eardungstowa (eardung（住まい）+ stowa（場所）) と (6)の gang dagas (gang（祈願行列）+ dagas（日）) は，それぞれ（ ）で示した二つの名詞からなる複合名詞である。

以上の例で明らかなように，韻文では頭韻の要求によって複合語が形成される場合が多い。しかし，次の引用のように，頭韻以外の要因もあって複合語が用いられている場合がある。

(7) leof **landfruma** lange ahte
beloved prince of land long ruled (*Beowulf* 31)
(=the beloved prince of the land long ruled)
(愛すべき王が長く治めていた)

(8) Gegrette ða gumena gehwylcne,
addressed then men every
hwate **helmberend** hindeman siðe,
brave helmet-bearers last time (*Beowulf* 2516-17)
(=then [he] addressed every brave helmet-bearer last

---

[4] 引用しているテクストは Plummer (1952)。

time)

(それから,家来のすべてに,勇敢な兵士たちに最後に話しかけた)

(7) の landfruma は leof と lange とともに /l/ で頭韻を,(8) の helmberend は hwate と hindeman とともに /h/ で頭韻を形成している複合名詞である点では,上記の (1) と (2) にあげた複合語と同じである。しかし,(7) の landfruma は land (=land) と fruma (=maker, prince) からなる複合名詞で「国の主」=「king (王)」を意味しており,(8) の helmberend は helm (=helmet) と berend (=bearer) からなる複合名詞で「兜を身に着けている者」=「warrior (兵士,戦士)」の意味で使われている。つまり,規定要素 (第1要素) と被規定要素 (第2要素) を結合させて比喩的に用いることで,現実の指示物と結びつける表現になっている。このような表現形式はケニングまたは代称法 (kenning) と呼ばれており,古英語の詩の文体的特徴と言える。

もう一つの特徴は韻律に基づくものである。[5] たとえば,次の例を見てみよう。

(9)　… Þa　þæt sweord ongan
　　　then that sword　began
　　æfter heaþoswate **hildegicelum**,
　　for　battle-sweat battle-icicle
　　wigbil　　　　　　wanian;
　　battle-blade (*to*) *waste away*　　(*Beowulf* 1605b–1607a)
　　(=then that sword or the battle-blade began, for battle-sweat, to waste away like the battle-icicle)
　　(やがてその剣は,戦いの血のため戦いの氷柱のようになって,その戦いの刃は溶けはじめた)

---

[5] 韻律構造から古英語詩における複合名詞を詳細に考察している研究に Terasawa (1994) がある。

この引用での複合名詞 hildegicelum の第1要素 hilde (=battle (戦い)) は,短母音音節 (short stressed syllable) と二つの無強勢音節 (unstressed syllable) からなる語を第2要素とするという制約がある。したがって,gi・ce・lum (=icicle (氷柱)) が第2要素となっている。

    gi   ce   lum
  短母音音節 無強勢音節 無強勢音節

古英語の複合名詞の注目すべき特徴には上にあげた頭韻,ケニング,韻律の三つの制約があるが,この時期の語には複合語として判断すべきかどうか不明な場合も見られる。

(10) Þa wæs æfter wiste wop up ahafen,
   then was after feast weeping up raised
   micel **morgensweg**.
   great morning-cry   (*Beowulf* 128–129a)
   (=then, after the feast, weeping or great morinig-cry raised up)
   (その時,宴の後に　泣き声が起きた,朝に死を悼む大きな叫びが)

(11) … Ða wæs **morgenleoht**
    then was morning-light
   scofen ond scynded.
   shoved and hastened   (*Beowulf* 917b–918a)
   (=then the morning-light was shoved and hastened)
   (その時,朝の光が押し出され急がされた)

(10) の morgensweg (morgen (=morning (朝)) + sweg (=sound (音))) と (11) の morgenleoht (morgen (=morning (朝)) + leoht (=light (光))) はそれぞれ ( ) に示した2語からなる複合名詞と考えられるが,Kastovsky (1992: 362) はこの morgensweg と morgenleoht を複合語とは解釈していない。

なお，複合名詞は 2 語から成る場合がほとんどであるが，次の例のように，まれに 3 語から形成されている例もある。

(12)　… þanon woc　 fela
　　　　thence arised many
　　geosceaftgasta;
　　fated spirits　　　　　　　　　　　(*Beowulf* 1265b-1266a)
　　（＝many fated spirits arised thence）
　　（そこから多くの不吉な妖怪が生まれ出た）

ここでの geo-sceaft-gasta は geo（＝formerly（以前に））＋sceaft（＝fated（運命付けられた））＋gasta（＝spirit（悪霊））という 3 語から造られた複合名詞の例である。

　古英語の複合名詞の特徴について述べてきたが，手書き写本では語と語の間のスペースが不明瞭であり，また写字生の判断で 1 語で書かれたり，離して書かれたりしているため，複合語かどうかを判断するのが難しい場合もある。(10) と (11) にあげた morgensweg と morgenleoht を Kastovsky (1992) が複合語としていなのはこのような理由によるものであろう。さらに，次の例を見てみよう。

(13)　Geseah ða　on　　searwum sigeeadig bil,
　　　found　 then among weapons victorious sword
　　ealdsweord eotenisc
　　old sword　　giant-made　　　　　(*Beowulf* 1557-58a)
　　（＝then he found a victorious sword or an old giant-made sword among the weapons）
　　（その時彼は武器の中に見つけた，勝利をもたらす剣を，巨人が作った古い刀を）

(13) の ealdsweord は 'old sword' の意味であり，1 語で書かれているが，意味の特殊化，つまり語彙化が生じているとは考えにく

い。同様の例には brodenmæl (*Beowulf* 1616) (= patterned sword (波模様の刀)), ealdgewinna (*Beowulf* 1776) (= old adversary (古い敵対者)) などがある。

3. 中英語の複合語の特徴とは？

すでに上で述べたように，古英語では複合語が語彙の拡大の原動力となっていた。しかし，中英語になるとノルマン人の英国征服 (Norman Conquest) により，古フランス語の影響から，脚韻詩が作られるようになる。このため複合語形成の頻度はかなり小さなものとなる。ただ，西中部 (West Midland) 方言での頭韻詩復興もあり，まだ複合語は頭韻詩にも脚韻詩にも使われている。中英語の複合語の場合も，最も多く見られるのは複合名詞であるので，以下でも複合名詞に限定してその特徴を考察する。

(14) ... ibrout ich habbe þes kings broþer
    vt of þan quarcerne of þan **cwal-huse**.
    (Laʒamon *Brut* (Caligula) 18/364-65)[6]
    (= I have brought the king's brother out of the prison and out of the death-house)
    (私は王の弟を牢屋から出して連れてきた)
(15) Þay gryped to þe gargulun, and grayþely departed
    þe wesaunt fro þe **wynt-hole**,   (*GGK* 1335-36)[7]
    (= they grasped the throat of the deer and at once separated the gullet from the wind-pipe)
    (彼らはその動物の咽喉部をつかみ，気管から食道を素早く切り離した)

---

[6] 引用したテクストは Brook and Leslie (1963)。
[7] 引用したテクストは Barron (1974)。

(16) 'For ther are beggeris and bidderis, **bed[e]men**

(*PPl.B* 15/205)[8]

(=there are beggars and those who ask for alms and beadsmen)

(また乞食やたかりや救貧院の貧者がいる)

(14) の cwal-huse (cwal (=death (死)) + huse (=house (館))), (15) の wynt-hole (wynt (=wind (風)) + hole (=pipe (管)), そして (16) の bedemen (=beadsmen → bead (お祈り) + man (人)) はそれぞれ ( ) に示した2語からなる複合名詞であり, /k/, /w/, /b/ の音価で頭韻を形成している。これらの例で明らかのように, 頭韻詩では頭韻の必要から, 詩的用語としての複合名詞を作り出しているのであるが, 中英語では決して多くない。[9]

古英語の複合名詞はいうまでもなく, 上にあげた中英語の複合名詞も, その構成要素となっている二つの語はすべてゲルマン語起源の語である。ところが, 中英語以降になるとノルマン人の英国征服によりラテン語系, つまり古フランス語起源の語が複合語を形成するようになる。

(17) His books and his bagges many oon
He leith biforn hym on his **countyng-bord**.

(Chaucer *CT* ShipT 82-83)

(=his books and many bags he laid before him on his counting-board)

(彼は帳簿と数多くの金袋を自分の前の勘定台の上に置いた)

(18) As whit as is a **lilye flour**, (Chaucer *CT* Thop 867)

---

[8] 引用したテクストは Schmidt (1997)。

[9] Burnley (1992: 441) によると, 古英語の詩に用いられていた 1069 の複合語のなかで, その約 22% が *Beowulf* に見られるが, この *Beowulf* の 10 倍の長さをもつ中英語の頭韻詩 Laȝamon *Brut* では 800 ほどの複合語しか用いられていない。

(= as white as is a lily flower)

(ゆりの花の白きがごとく)

(19)　Þat is sounde on vche a syde & no sem habes,
　　　With-outen maskle oþer mote as **margerye perle**.

(*Cleanness* 555-56)[10]

(= that is sound on each side and without any seam and without macule or mote like a pearl)

(それは全面完璧で傷もなく，染みもなく，汚れもなく，真珠のごときである)

(17) の countyng-bord の形態的構造は countyng [OF] + bord [OE]，(18) の lilye flour の形態的構造は lilye [OF] + flour [OF]，(19) の margerye perle の形態的構造は margerye (= precious stone) [OF] + perle [OF] となっている。語源的要素をみると，構成要素の一つが古フランス語起源か，両方の構成要素とも古フランス語起源である。この点で古英語の複合名詞とはその特徴が大きく異なると言える。[11] なお，中英語の場合も，複合名詞か名詞句か判断が難しい例が見られる。[12]

(20) a.　Ther was eke wexyng many a spice,
　　　　As **clowe-gelofre** and lycorice,

(Chaucer *RomA* 1367-68)

(= there was also growing many a spice like clove and licorice)

(また丁子や甘草のような多くの薬味植物が育っていた)

---

[10] 引用したテクストは Morris (1965)。

[11] 後期中英語の複合名詞の構成要素の詳細な分析については Yonekura (2011) を参照。

[12] 島村 (2014) では現代英語における複合名詞 (たとえば，blackbird (つぐみ)) と名詞句 (たとえば，black bird (黒い鳥)) の区別についての詳細な考察がなされている。

b. And summe destyllen **clowes of gylofre**

　　　　　　　　　　　　　　　　　　(*Mandev.* 36/24-25)[13]

　　　(＝some distill clove-gillyflower)

　　　(何人かは丁子を蒸留している)

(21) a. Thou seyst men may nat kepe a **castel wal**

　　　　　　　　　　　　　　　　　　(Chaucer *CT* WBT 263)

　　　(＝You say that men can't keep a castle-wall)

　　　(誰も城壁を守れないとあなたは言う)

　　b. Which was from us but a lyte —

　　　A long **castel with walls** white　　(Chaucer *BD* 1317-18)

　　　(＝that was only a short distance from us—a long castle with white walls)

　　　(それは我々からほんの少ししか離れていなかった——白壁の長い城)

(22) a. The **waterpot** sche hente alofte　　(Gower *CA* 3.673)

　　　(＝she took the waterpot on high)

　　　(彼女は水瓶を頭上にかざした)

　　b. This wif was fro the welle come,

　　　Wher that a **pot with water** nome

　　　Sche hath, and broghte it into house,

　　　　　　　　　　　　　　　　　　(Gower *CA* 3.655-67)

　　　(＝This wife came from the well where (she) filled a pot with water and she brought it into the house)

　　　(この妻は水瓶に水を満たした井戸から戻って、それを家に運んだ)

すでに述べた古英語の場合も複合名詞と名詞句の区別が難しい例があることを指摘したが、(20a, b) から (22a, b) の例で明らかなよ

---

[13] 引用したテクストは Seymour (1967)。

うに，中英語においてもそれぞれ複合名詞と名詞句が競合して見られる。これらの例では二つの名詞が並列されて複合語になっている場合と of や with といった前置詞を用いて名詞句になっている場合がある。

さらにもう一つは，なぜ中英語になると古英語ほどに複合語が使われなくなったのかという疑問である。ノルマン人の英国征服以降，中英語には多くのフランス語やラテン語が流入した。これらの言語は複合語をあまり好まなかった。その結果，古英語の多くの複合語がラテン語系の派生語に置き換えられた。たとえば，古英語の læcecræft は læce (m.) (ヒル) と cræft (m.)[14] (技術) から成る「医術，治療法」の意味の複合名詞である。ところが，中英語になると medicine (ラテン語 medicina (治療)) (医術, 医学) に取って代わられる。また，tungolcræft は tungol (m./n.) (星，星座) と cræft (m.) (技術) からなる「星の術」を意味する複合名詞であるが，astronomy (ラテン語 astronomia (天文学の書)) (天文学) に置き換えられている。

4. 初期近代英語の複合語の特徴は？

Barber (1976: 192) によれば，初期近代英語においては，最も頻繁に用いられている複合語は複合名詞であり，ついで複合形容詞である。一方，複合動詞と複合副詞はほとんど使われていない。さらに，約 200 の複合名詞のなかで，4 分の 3 は「名詞＋名詞」結合の複合語であることが明らかにされている。ここではシェイクスピアの場合に注目して，初期近代英語の複合語を考察する。シェイクスピアでも多くの複合名詞は，次の例が示しているように，限定複合語，つまり内心構造の (endocentric) 複合語である。

---

[14] ( ) 内の m. は masculine (男性名詞) の，n. は neuter (中性名詞) の略。

(23) You wear out a good wholesome forenoon in hearing a cause between an **orange-wife** and a **forset-seller**,

(*Cor* 2.1.69-71)

（おまえたちはミカン売りのおかみと酒樽の栓売りのおやじのもめごとを聞いて午前中の大切な時間をつぶしている）

この引用に見られる複合名詞 orange-wife では，単なる wife（= woman（女））ではなく，orange（ミカン）が wife の意味を限定して 'woman who sells oranges' となっている。もう一つの複合名詞 forset-seller も，「forset（=faucet（酒樽の栓））を売っている人」の意味であり，単なる seller（売る人）ではない。

ただし，複合語のなかには複数の意味を表す場合もある。たとえば，次の例を見てみよう。

(24) Come, come, thou **boy-queller**, show thy face,

(*TC* 5.5.45)

（年端もいかぬ子供ばかりを殺しおって，やい，面を見せろ）

この例での複合名詞 boy-queller も，(23) にあげた例と同様，限定複合語であり，前後関係から 'one who kills boys' の意味である。つまり，boy が queller（=killer（殺人者））の意味を限定している構造であるが，この複合語だけを見た場合は，「子供を殺す人」なのか「殺人者が子供」なのか判断できない。[15] また，次の例では形態上は複合形容詞であるが，統語上は複合名詞となっている。

(25) How easy is it for the **proper-false**
    In women's waxen hearts to set their forms!

(*TN* 2.2.29-30)

---

[15] Bradley (1904) および Nevalainen (1999: 410) によれば，たとえば，house-boat は「屋形船」あるいは「ある家に専用の船」とも解釈でき，また「各家共同で使う遣い船」ともとれる。

(ハンサムな浮気者が蝋のようにやわらかい女の胸に自分の姿を刻み付けることなどわけはない)

ここに見られる proper-false は proper (=handsome) と false (=untrue) という二つの形容詞の結合からなり, 'men who are handsome but untrue'(ハンサムだが他人を騙す男)の意味を表す複合名詞となっている。[16]

初期近代英語全体から見れば, 複合名詞が最も多く用いられているが, シェイクスピアの複合語には興味ある特徴が観察される。上記の(25)の proper-false が外見上は複合形容詞であるように, シェイクスピアは複合名詞より複合形容詞を多く使っている。特に, 韻文においてはこの傾向が顕著に見られる。[17]

(26) You are too **senseless-obstinate**, my lord,　　(R3 3.1.44)
(それはあまりにも頑迷, 無思慮ではありませんか)

(27) Now know you, Casca, I have mov'd already
Some certain of the **noblest-minded** Romans
To undergo with me an enterprise
Of **honorable-dangerous** consequence;　　(JC 1.3.121-24)
(それでは聞いてくれ, キャスカ, 実はすでにもっと高潔なローマ人を数名, 説得しているのだ, おれと一緒に, 名誉と危険のともなうある仕事を決行するように)

(26)の senseless-obstinate も(27)の honorable-dangerous も「形容詞＋形容詞」から構成されている複合形容詞である。しかし, シェイクスピアが最も好んだ複合形容詞は, (27)の noblest-minded のように, 第2要素が形容詞的に用いられている分詞からなる複合形容詞である。

---

[16] Blake (1983: 64) を参照。
[17] Hussey (1982: 38) を参照。

(28) Might liquid tears or **heart-offending** groans
　　　Or **blood-consuming** sighs recall his life,
　　　I would be blind with weeping, sick with groans,
　　　Look pale as primrose with **blood-drinking** sighs,
　　　And all to have the noble Duke alive.　　(*2H6* 3.2.60-64)
　　　（私の雨のような涙が，胸をえぐるようなうめき声が，血を絞るような溜息が，公爵を生き返らせるものなら，目がつぶれるまで涙を流し，胸が痛むまでうめき声をあげ，血が涸れてサクラソウのように青ざめるまで溜息をつきましょう，ただあの気高い公爵をよみがえらせるだけのために）

(28) の heart-offending（＝wounding the heart）（胸をえぐるような），blood-consuming（＝consuming or squeezing blood）（血を絞るような），blood-drinking（＝eager for bloodshed）（血が涸れて）の例のように，第 2 要素に形容詞的に用いられている現在分詞がみられることも多いのであるが，最も頻繁に使われているのは形容詞化した過去分詞である。

(29)　Even as the sun with **purple-color'd** face
　　　Had ta'en his last leave of the weeping morn,
　　　Rose-cheek'd Adonis hied him to the chase;
　　　Hunting he lov'd, but love he laugh'd to scorn.
　　　Sick-thoughted Venus makes amain unto him,
　　　And like a **bold-fac'd** suitor gins to woo him.　　(*VA* 1-6)
　　　（今しも，真紅の顔をした太陽が涙にぬれる朝に別れを告げたとき，バラ色の頬をしたアンドゥニスが，狩りへと急いだ。狩りをこそ彼は愛した。恋などはあざ笑った。恋に悩むヴィーナスはすばやく彼に追いつき，厚かましい求愛者のように，彼を口説き始める）

(28) や (29) に見られるような第 2 要素に現在分詞や過去分詞を用いて複合形容詞を作り出す造語法は，次に示すように，古英語の

複合形容詞に取って代わった語形成である。

(30) Ðus frod guma, on fyrndagum
Thus wise man in ancient days
gieddade **gleawmod** Godes spelboda
sang sagacious God's prophet
ymb his æriste in ece lif
about his resurrection into eternal life

(*The Phœnix* 570-72)

(=thus the wise man or the sagacious God's prophet sang about his resurrection into an eternal life in ancient days)

(このような賢明な人，神の預言者は知恵深くも遠い昔に永遠の命への生き返りについて語った)

(31) Geat wæs **glædmod**, geong sona to,
Geat was glad-minded went soon thereto
setles neosan, swa se snottra heht.
seat to find as the wise king ordered

(*Beowulf* 1785-86)

(=Geat was gald-minded and soon went there to find a seat as the wise king ordered)

(イエーアト（=ベーオウルフ）は心嬉しく，直ちに赴いた，賢明な王が命じた通りに席を求めて)

(32) Wel þæt geras þæt heo wære **eaðmod** þa heo þone
Well it seemed that she was humble who the
eaþmodan cyning bær & ðone **mildheortan**,
humble king bore and the merciful

(*Blickling* 13/16-17)

(=It seemed well that she was humble who bore the humble and merciful king)

(彼女は慎み深いと思われた。彼女は謙虚で慈悲深い王を生んだのだから)

(30) から (32) の例は第 1 要素に形容詞を,第 2 要素に名詞を配置して,全体を形容詞とする方法であり,転換複合語 (conversion compound) と呼ばれることもある。[18] 図示すると次のようになる。

	第 1 要素	第 2 要素	
	形容詞	名詞	
(30)	gleaw	mod	(= sagacious)
(31)	glæd	mod	(= glad-minded)
(32)	eað	mod	(= humble)
	mild	heortan	(= merciful)

この図示から明らかなように,gleaw (= wise),gæld (= glad),mild (= merciful) は形容詞であり,mod (= mind) と heortan (= heart) は名詞である。しかし,この形容詞と名詞の結合形全体は形容詞として機能している。

 以上のように,シェイクスピアは現在分詞や過去分詞からなる複合形容詞を多用している。このシェイクスピアの複合語の用法については第 7 章でさらに詳しく検討する。なお,同時代の詩人スペンサー (Edmund Spenser) はあまり複合形容詞を用いていない。

(33) As **wetherbeaten** ship arryv'd on happie shore.
    (嵐に打たれた船が安全な岸に到着したように)   (*FQ* 2.1.2.9)[19]

(34) Saw a faire damzell, which did weare a crowne
    Of sundry flowres, with silken ribbands tyde,
    Yclad in **home-made** greene that her owne hands had

---

[18] Franz (1939: 153) を参照。
[19] 引用したテクストは Kaske et al. (2006-2007)。数字は巻・篇・節・行を指している。日本語訳は和田 (1969) を参照。

dyde.   (*FQ* 6.9.7.7-9)

（美しい乙女が目に入ったが，彼女はいろいろな花を絹のリボンで結んだ花環をかぶり，自分の手で染めた手作りの緑の服をつけていた）

(33) の wetherbeaten（嵐に打たれた）も (34) の home-made（手作りの）も第 2 要素が形容詞化した過去分詞からなる複合形容詞である。しかし，(35) の life-devouring と (36) の hart-wownding に見られるように，スペンサーの複合形容詞の多くでは第 2 要素は現在分詞になっている。

(35) Then avarice gan through his veines inspire
   His greedy flames, and kindled **life-devouring** fire."
             (*FQ* 2.7.17.8-9)
   （それからは，強欲が人間の血管に貪欲の炎をかき立て，生命を食い尽くす火をつけたのだ）

(36) The which his mother vainely did expownd,
   To be **hart-wownding** love, which should assay
   To bring her sonne unto his last decay. (*FQ* 3.4.28.3-5)
   （それを母親は取り違えて，息子を破滅させようとするのは，胸を痛める恋の悩みとばかり思い込んでいたのである）

シェイクスピアはスペンサーとは違って詩劇作家である。したがって，彼は詩劇の中の物語を次々と展開していく必要から，多くの複合形容詞を利用したのであろう。また，シェイクスピアは詩的言語 (poetic diction)[20] と散文的言語 (ordinary prose) をあまり区別することはなかったようである。[21] つまり，彼は詩的な語や詩形を多用することはなかった。

---

[20] 詩的言語とは，たとえば，fish というところを finny tribe「ひれのある仲間」と表現することを指す。

[21] Jespersen (1938: 212) を参照。

第 3 章

派生語形成は脚韻と関係があるか？

1. はじめに

　ここでは主に中英語，特にチョーサーにおける脚韻と語形成の関係を考察する。[1] チョーサーの韻文作品にはラテン語や古フランス語で書かれた原典からの翻訳作品とこのような原典とは無関係の創作作品がある。したがって，派生語形成がどの程度脚韻と関係しているかを知るには，創作作品と翻訳作品の制作の違いを考慮に入れる必要がある。

2. 創作作品の場合

(1) Sooth is that thurgh wommanes **eggement**
　　Mankynde was lorn, and damned ay to dye,
　　For which thy child was on a croys yrent.　(MLT 842-44)
　　(=It is true that through woman's instigation mankind was lost, with death the penalty, for which your child was crucified and rent)
　　(事実，女がそそのかしたことにより人類は堕落し，死ぬことを運命づけられ，そのためにあなたのお子は十字架にかけられた)

1行目の eggement（=instigation, temptation（そそのかし，誘惑））は eggen（=urge, incite（そそのかす，あおる））という動詞に名詞を派生する接尾辞 -ment が付加されて造られた語である。この eggement は3行目の yrent と韻を踏むために用いられている。次の例を見てみよう。

(2) Thurgh **eggyng** of his wyf, hym for to pleye
　　In his gardyn, and no wight but they tweye,

---

[1] ここでの論述は米倉 (1993: 441-444) および米倉 (2002: 41-53) に基づき修正・加筆したものである。

That in a morwe unto his May seith he: (MerT 2135-37)
(＝With his wife's incitement, for playing with him in the garden and because of none but them, so that he said to May in the morning)
(妻の誘いで，庭で彼と遊ぶため，また彼ら以外には誰もいなかったため，ある朝マイに言った)

この例では 'incitement' の意味を表す語として，eggement ではなく eggyng (＝inciting, incitement (誘い)) が使われている。この egging / eggyng は，次の *Ormulum* (c1200) の作品に見られるように，すでに 1200 年頃から使われている。

(3) Þin **egginng** iss off flæshess lusst,
    & nohht off sawless fode,   (*Orm.* 11675-76)[2]
    (＝Thy incitement is desire of flesh, and not food of soul)
    (汝の誘惑は肉体の欲望であって魂の糧ではない)

つまり，egging はチョーサー以前にすでに使われており，チョーサー自身も脚韻の位置以外では egging を用いていることから考えて，egge-ment という派生語は押韻するために使われたと言えよう。同じことは次の引用にもあてはまる。

(4) He fasted longe and was in **contemplaunce**.
    "Aaron, that hadde the temple in governaunce,
                                             (SumT 1893-94)
    (＝He fasted for a long time and was in contemplation. Aron, who had administrated the temple)
    (彼は長い間断食をし，瞑想しました。寺院を統括していたアロンは)

---

[2] 引用したテクストは Holt (1878)。

ここでの contemplaunce は明らかに次行の governaunce と押韻させるためにチョーサーが作った造語である。この語は OED には記載がない。MED (s.v. contemplaunce n.) は上記の例のみをあげており，governaunce と韻を踏ませるためにチョーサーが用いた ("coined for rime's sake") と明記している。次の例も同じように説明できる。

(5) What spekestow of **preambulacioun**?
What! amble, or trotte, or pees, or go sit doun!

(WBT 837-38)

(= You speak of preambulation? Amble or go fast, keep still, or go sit down!)

(前口上のやり方で何を言うんだ！ 緩歩であろうが，速歩であろうが，黙ろうが座り込もうが勝手だ！)

接尾辞 -oun 付加によって造られた preambulacioun は次の行末の doun と韻を踏ませるために用いられている。押韻をする必要がなければ，preambulacioun と同じ「前口上」の意味をもつ preamble が用いられているはずである。

(6) This is a long **preamble** of a tale!" (WBT 831)
(= This is a long preamble!)
(これは長い前口上だなあ)

ただし，preambulacioun の場合は別の理由も考えられる。(5) の例を律読してみると次のようになる。

What spékestow of preámbulácioun?
What! ámble, or trótte, or pées, or go sit doún!

(WBT 837-38)

この韻律分析で明らかなように，preambulacioun の代わりに preamble を用いると 2 音節語となり，弱強 5 歩格 (iambic pentameter: wswswswsws)³ を構成しなくなる。そのために，6音節語の pre・am・bu・lac・i・oun が必要だったとも考えられる。同じ解釈は次の例にも言える。

(7) Therfore I stynte; I nam no **divinistre**;
    Of soules fynde I nat in this registre,   (KnT 2811-12)
    (= Therefore I'll stop; I'm no theologian; I found nothing about souls in this written text)
    (だからその話をするのはやめにする。私は神学者ではない。魂のことはこの物語の記録の中には見つからない)

この場合も divinistre は動詞 divinen（予言する））に行為者を表す接尾辞 -(i)stre が付加されたチョーサーの造語であるが，次行の registre と押韻させるために使われているのであろう。押韻する必要がなければ，divynour が使われた可能性がある。この語はすでに 1330 年頃[4] に使われており，チョーサー自身 *Boece* では divynour を用いている。

(8) Or elles what difference is ther bytwixe the prescience and thilke japeworthi devynynge of Tyresie the **divynour**
    (*Bo* 5.pr3.134)
    (= what difference is there between the foreknowledge and the ridiculous prophecy of Tyresias the theologian?)

---

[3] w は弱強勢を，s は強強勢を表している。

[4] OED (s.v. diviner n.) は divynour の初例を c1330 としている。なお，本論考での作成年の表記は次のようにする。c (= circa) は「およそ」の意味であり，a (= ante) は「前」の意味である。また，? (= doubtful) は「疑わしい」の意味である。したがって，たとえば，c1330 とは「1330 年を中心として 20 年前後」の意味であり，a1330 とは「1330 年より前であるが，多分 1330 年より早いということはない」の意味。さらに，?a1330 とは「a1330 であるが，それほど確実なものではない」という意味である。MED では（ ）の付いていない数字は写本の年代であり，（ ）の付いている数字は引用作品の制作年代を表している。

(確実な予言とあの神学者ティレシァスの笑うべき予言との違いはなんでしょうか)

上記の (7) の場合も律読すると次のようになる。

Thérfore Í stýnte; Í nám no divínistre
Óf soúles fýnde Í nát in thís régistre   (KnT 2811-12)

この2行の韻律構成は wswswswswsw となっているので、4音節語の divinistre が必要となる (divynour を用いると3音節語であるから次行との韻律が成立しない)。

3. 翻訳作品の場合

次に, 派生語が形成される場合, 翻訳原典の影響を受けているかどうかを見てみよう。

(9) Whan he may on these braunches here
    The smale briddes syngen clere
    Her blisful swete song pitous.
    And in this sesoun **delytous**,   (*RomA* 87-90)[5]
    (=when he hear on these branches the small birds sing loudly, their blissful, sweet, and merciful song, and in this delightful season)
    (彼が木の枝の上で聞く, 小鳥たちが声高に歌い上げるのを, 彼らの幸せな甘く心優しき歌を。そしてこの喜び溢れる季節に)

これに対応する古フランス語の箇所は次のようになっている (完全

---

[5] チョーサーの *The Romaunt of the Rose* は断片 (Fragment) A, B, C からなっている。この断片のうち, チョーサーが確実に翻訳したのは A であり, B と C は不明と考えられているので, 本書でも断片 A (RomA) のみを考察の対象としている。また, 日本語訳は境田 (1997) を参照している。

に逐語訳されているわけではないが)。

(10) Quant il ot   chanter sor la raime
 when he hear sing   on the branch
 As   oisiaus les douz chanz piteus.
 have birds   the sweet songs pious
 En icelui tens   **deliteus**
 in this   season delightful

(*Le Roman de la Rose* 82-84)[6]

チョーサーがここで delytous (=delightful) という派生語を用いているのは pitous (=merciful) と韻を踏むためであり，また古フランス語の原典 *Le Roman de la Rose*『薔薇物語』でも deliteus が使われていることから，delytous [delyt + -ous] という派生語を創造したのである。この delytous をチョーサーは次の例でも用いている。

(11) As was in that place **delytous**.
   The gardeyn was not daungerous   (*RomA* 489-90)
   (=as was delightful in that place. The garden was not unwilling)
   (それほどその場所は楽しげだった。その庭園は好ましくないということはなかった)

ただし，次の引用から明らかなように，古フランス語の原典には delytous に相当する語は見られない。

(12) Come il avoit en cel vergier;
 as   he was in the garden
 ・・・・・

---

[6] 引用したテクストは Langlois (1914-24)。

N'estoit ne　　　desdeigneus ne　chiches;
it was　　neither disdainful　　nor miserly

(*Le Roman de la Rose* 477-79)

チョーサーは，上記の例以外では，韻文でも散文でも delitable (=delightful) または delicious (=delightful) を用いている。

(13) Noght fer fro thilke paleys honurable,
　　　Wher as this markys shoop his mariage,
　　　There stood a throop, of site **delitable**,　　　(CIT 197-99)
　　　(=Not very far from that fine palace where this marquis was arranging how he'd wed a village stood in the delightful place)
　　　(侯爵が結婚の準備をしていたその立派な館から遠く離れていない心地良い場所に小さな村があった)

もちろん，この例では honurable と押韻しているので，delitable になっているのであり，delitous が使われていないのは当然と言える。次の例は散文の場合であるが，delycious に相当するラテン語原典の語は oblectant であり，古フランス語原典の語は delitent になっている。

(14) and oonly whil thei ben herd thei ben **delycious**,
　　　　　　　　　　　　　　　　　　　　　　(*Bo* 2pr3.11)
　　　(=and only while they are heard they are delightful)
　　　(聞いている間は心地良い)

上にあげた韻文作品の例 (9) と (11) では，原典に使われている接尾辞がそのまま利用されているが，次の場合は原典の語形とは異なる形が使われている。

(15) And maden many a **tourneying**
　　　Upon the fresshe grass **spryngyng**.　　　(*RomA* 1407-8)

(＝and made many a tournament on the fresh green grass)
(育ち始めた草むらの上で何度も馬上試合のように駆けずり回った)

上の引用に相当する古フランス語は次のようになっている。

(16) Aloient entr'aus   torneiant
     assemble together in tourneying
     Sor l'erbe   fresche verdeiant.
     on the grass fresh   growing

(*Le Roman de la Rose* 1382-83)

古フランス語原典の torneiant は，動詞 torneier / tourneier（現代フランス語 tounoyer＝英語 tourney）の分詞形であるが，名詞として機能している。一方，verdeiant は動詞 verdir（現代フランス語 verdir＝英語 grow green）の現在分詞である。つまり，torneiant の -ant は英語の名詞を派生する -ing / -yng に相当し，verdeiant の -ant は英語の現在分詞 -ing / -yng に相当している。さらに次の例を見てみよう。

(17) And eek I telle you **certeynly**
     How that she wep ful **tenderly**.   (*RomA* 331-32)
     (＝and also I tell you certainly how she weeps affectionately)
     (さらに私はあなたがたに断言するが，彼女はなんと激しく泣きじゃくることか)

これに対応している古フランス語は次のようになっている。

(18) Si   sachiez bien veriteument
     indeed (I) say very actually

　　　　Qu'el　　ploroit mout parfondement
　　　　how she weeps　very　deeply

　　　　　　　　　　　　　　　　　　　(*Le Roman de la Rose* 323-34)

古フランス語原典の veriteument と parfondement にみられる -ment は副詞を派生する接尾辞であるが，チョーサーは certeyn (< OF certeyn) と tender (< OF tender) に英語本来の接尾辞 -ly を付加して古フランス語の -ment を翻訳している。しかし，古フランス語原典では certeyn や tender は用いられていない。つまり，古フランス語の接尾辞 -ment のみが英語本来の接尾辞 -ly で押韻されているのである。もちろん，次の例のように，「ゲルマン語系の基体＋ -ly」で押韻している場合もある。

(19)　Wel coude she synge and **lustyly**,
　　　Noon half so wel and **semely**,　　　　(*RomA* 747-48)
　　　（＝she could sing well and heartily and anybody could hardly sing so well and becomingly as she did）
　　　（彼女は立派に真心込めて歌うことができ，誰も彼女の半分も気品よく歌えなかった）

これに対応する古フランス語の原典は次のようになっている。

(20)　Bien sot　chanter e　plaisamment,
　　　well (she) song　　in gracious way
　　　Ne nule plus avenamment
　　　anyone　not　more fittingly

　　　　　　　　　　　　　　　　　　　(*Le Roman de la Rose* 731-32)

(19) の lustyly と semely はそれぞれ [OE lust + -ly] と [OE seme + -ly] の形態的構造を持つものであり，(20) の plaisamment と avenamment とは関係なくチョーサーが造り出した脚韻語となっている。さらに *Troilus and Criseyde* からの例を付け加えておく。

(21) For which for to departen **softely**
Took purpos ful this forknowynge wise,
And to the Grekes oost ful pryvely   (*Tr* 1.78-80)
(= this wise prophet quietly stole out and intended to secretly go to the Greek)
(この賢明な予言者は密かに抜け出すことを企て，ギリシャ軍へそっと忍んで行った)

(20) の softely に相当する原典 *Il Filostrato* の部分は次のようになっている。

(22) Pet che,　segretamente di partirsi
　　　for which secretly　　departed   (*Il Filostrato* 9.1)[7]

(22) の segretamente は segreta (= secret) に副詞を派生する接尾辞 -ment が付加された語であり，チョーサーはこの語を softely [OE softe + -ly] で翻訳している。

次の例も英語本来の接尾辞 -ing が使われているが，原典には該当箇所は見当たらない。

(23) The swalowe Proigne, with a sorowful lay,
Whan morwen com, gan make hire **waymentynge**
Whi she forshapen was; and evere lay
Pandare abedde, half in a **slomberynge**,
Til she so neigh hym made hire **cheterynge**

(*Tr* 2.64-68)

(= the swallow Proigne, when the morning came, with a sorrowful song, began to lament why she was transformed. And till she twittered near him Pandrus in bed

---

[7] 引用したテクストは Windeatt (1984)。また，日本語訳は笹本 (2012) を参照。

half in slumber)

(燕プロクネーは,朝が来ると,悲しい短い物語歌で,なぜ変身させられたか,嘆き始めた。その間,パンダラスはうとうとしながら,燕がそばに来てチチと囀るまで,ずっとベットに横たわっていた)

また次の (24) と (26) では,チョーサーは古フランス語の原典に使われている派生語 delitable, semblance, remembrance をそのまま採用している。

(24) And many a spice **delitable**
To eten whan men rise fro table.　　　(*RomA* 1371-72)
(= many kinds of spices to eat with pleasure when people rise from the table)
(人々が食卓から立ち上がるときに,喜んで食べる多くの薬味)

(25) E　mainte espice delitable
and many a spice　delightful
Que　bon mangier fait　　apres table.
when men eat　　arising from　table
　　　　　　　　　　　(*Le Roman de la Rose* 1345-46)

(26) Of thilk ymages the **semblaunce**,
As fer as I have in **remembraunce**.　　(*RomA* 145-46)
(= about these images in appearance, as far as I have in memory)
(これらの彫り物の外見について,私の記憶にある限りにおいて)

(27) De ces　　images la　semblance,
of　these images the appearance
Si　com moi vient en remembrance.
just as　I　have in memory
　　　　　　　　　　　(*Le Roman de la Rose* 137-38)

4. 創作作品，翻訳作品の区別と無関係の場合

創作作品，翻訳作品に関係なく，同じ意味を表す語に押韻の対によって異なる接尾辞が使われている場合がある。次の二つの例では'pleasure, vigour' の意味を表すのに，lustiheed と lustinesse が使われている。-heed 形，-nesse 形のどちらを用いるかは脚韻の位置に現れる対の語形によって決まる。

(28) No man but Launcelot, and he is deed.
　　　Therfore I passe of al this **lustiheed**;　　　(SqT 287-88)
　　　(＝None could but Lancelot and he is dead. Therefore, I leave this pleasure and forge ahead)
　　　(語れるのはランスロットだけであろうが，彼はもう死んでいる。だから私は歓喜の有様については省きましょう)

(29) "And shortly, deere herte and al my knyght,
　　　Beth glad, and draweth yow to **lustinesse**,
　　　And I shal trewely, with al my myght,
　　　Youre bittre tornen al into swetenesse.　　　(Tr 3.176-79)
　　　(＝In short, dear heart and my knight, please be glad and draw yourself to vigour. And I shall truly, with all my might, turn your distress into sweetness)
　　　(手短に申し上げれば，愛しいお方であり，私自身の騎士様，お喜びください。そしてまた元気を出してください。そして私は本当に，全力を尽くして，若様の苦く辛い苦しみを甘い喜びに変えて見せましょう)

チョーサーは，(28) では deed の -eed と押韻させるために lustiheed を，(29) では swetenesse の -esse と押韻させるために lustinesse を用いている。次の (30)，(31)，(32) の例にも同じことが言える。

(30) And after daunced, as I gesse,
[Youthe], fulfilled of **lustynesse**, (*RomA* 1281-82)
(= and after, as I imagine, Youth, full of vigour, was Dancing)
(その後，私が想像した通り，活気に満ちた青春姫が踊っていた)

(31) That I have lost al **lustyhede**.
Suche fantasies ben in myn hede (*BD* 27-28)
(= so that I have lost all the pleasure. Such thoughts are in my head)
(だから人生の喜びをすべて失ってしまいました。このような思いが私の頭の中にあります)

(32) But when the cok, comune **astrologer**,
Gan on his brest to bete and after crowe,
And Lucyfer, the dayes messager,
Gan for to rise and out hire bemes throwe, (*Tr* 3.1415-18)
(= but when the cock, public astronomer, began to beat on his brest and to crow, Lucypher [the morning star], the day's messenger, began to rise and throw out her beam)
(しかし，大衆の天文学者の雄鶏が，羽ばたき，時を作り始め，昼の使者，ルシファー（明けの明星）が昇り，光を放ち始める)

特に(32)の astrologer は messager の -er と押韻するためにチョーサーが創造した派生語である。[8] チョーサーが astrologer を用いているのはこの例のみである。この語と同じ意味を表す語としては，次の例で示したように，ラテン語系の接尾辞 -ian / -ien が付加された astrologien があり，チョーサーはこの語を 7 例使っている。

---

[8] OED (s.v. astrologer n.) はチョーサーが初例であるとして，'watchman of the night and announcer of the sunrise' という意味を示している。

(33)　Of alle men yblessed moot he be,
　　　The wise **astrologien**, Daun Ptholome,
　　　That seith this proverbe in his Almageste:　　(WBT 323-34)
　　　(= above all men may he be most blessed, the wise astronomer Ptolemy, who writes this proverb in his Almagest)
　　　(すべての人から称えられるかもしれないあの賢いプトレマイオス様は『アルマゲスト』のなかでこのような諺を言っています)

5．J. ガワーの *Confessio Amantis* の場合

　チョーサーの *Troilus and Criseyde* の終わりの部分に次の1行が見られる。

　　　O moral Gower, this book I directe　　　　　(*Tr* 5.1856)
　　　(= O virtuous Gower, I dedicate this book to you)
　　　(おお，道学者ガワーよ，この書物を君に献呈しよう)

チョーサーは同時代の詩人であり，『恋する男の告解』(*Confessio Amantis*) の作者である John Gower に *Troilus and Criseyde* を謹呈すると述べている。つまり，チョーサーはガワーを詩人として高く評価していたということになる。そのガワーの作品における脚韻と派生語の特徴を簡単に見ておく。

(34)　Of that thei founden in debat
　　　Thei token the **possessioun**
　　　After the **composicioun**
　　　　　　　　　　　　　　　　(Gower *CA* Prologus 812-14)
　　　(= out of what they found in dispute they took the possession after the agreement)
　　　(自分たち同士の協定に従って，その争いの中で見つけたすべての

ものを所有した)[9]

(35) And thus with tales he hem ladde
With good **examinacioun**,
Til he knew the **condicioun**, (Gower *CA* 2.312-14)
(=And with tales he lead them with good examination till he knew the state of things)
(このようにしていろんな話をして、彼らを誘導してよく調べた結果、彼はその状況を知った)

(36) That I schal evermo therfore
Hierafterward myn **observance**
To love and to his **obeissance**
The betre kepe: (Gower *CA* 1.1868-70)
(=so that I shall hereafter keep my observance to love and to his obedience)
(私は今後いつまでも恋の神によりよく仕え、従うつもりです)

『恋する男の告解』のPrologus, Book 1, Book 2までを調べてみると、上に例をあげたように、ガワーは接尾辞 -ioun による派生語を55回、-ance / -ence による派生語を43回使用している。

もちろん、ガワーでも -able, -heed, -ing / -yng, -ly, -nesse, -ous, -schip などの接尾辞による派生語が使われているが、-ioun, -ance / -ence による派生語に比べると多くはない。一方、チョーサーは、Masui (1964: 303-304) で指摘されているように、同じ脚韻語を用いることを避けて、押韻のために新しい派生語を創造した詩人と言える。

---

[9] 日本語訳は伊藤 (1980) を参照。

第 4 章

転換とは何か？

1. はじめに

　転換とは，接辞付加というプロセスを経ずして語の品詞を変える言語的現象である。たとえば，名詞の book（本）が動詞 book（名簿（帳簿）に掲載する，記入する）として用いられる場合，名詞から動詞への転換と言える。この場合，転換された動詞 book は，名詞の book がもつ意味（本，帳面，（書物の）巻，帳簿，脚本，〈切符などの〉綴り）のすべてを表すわけではなく，このうちの「帳簿」という意味を引き継ぐことになる。[1] また，動詞から名詞への転換としては，have, make, give, take などの動詞の目的語として用いられる場合も多く見られる。たとえば，have a chat（雑談する），have a look at（～を見る），make a promise（約束をする），give a talk（話をする），take a walk（散歩をする）など。[2] ただし，このような軽動詞と共起する転換はかなり口語的な表現であるため，たとえば文語的で多音節語の converse を「話をする」という意味で *have a converse に転換することはできない。また，軽動詞の目的語になる転換名詞は繰り返しが可能な行為を表す場合に限られるため，*have a kill などの転換も見られない（kill（殺す）の転換名詞であるが，殺したらもとにもどせない）。

　動詞を派生する接辞は，名詞や形容詞などを派生する接辞に比べると，en-(e.g. encage（～を檻に入れる）), -ize (e.g. dramatize（～を劇にする，脚色する）), -en (e.g. sharpen（鋭くする）), -ify (e.g. simplify（単純にする）) などごく限られていることもあり，現代英語では名詞から転換により派生する動詞が極めて多い。ただ，中尾 (2003: 112) によれば，最近では形容詞から転換により名詞を派生する場合が多くみられる。たとえば，senior（年長者），liberal（自由主義者），particular（詳細），daily（日刊新聞）など。

---

[1] 影山 (1999: 83) を参照。
[2] Adams (1973: 53-55) および竝木 (1985: 66) を参照。

このように，転換という現象は多岐にわたるが，中英語から現代英語にいたるまで，最も頻繁に用いられているのは名詞から転換される動詞と考えられる。そこで，以下では「名詞→動詞」に焦点をあてて，転換の意味特徴を考察したい。その前に転換について言われているゼロ形態素および転換の方向を決める基準などについて検討しておく。

2. ゼロ形態素（ゼロ接尾辞）とは何か？

英語では基体（base）としての語（word）が接辞付加（affixation）という操作を受けることなく「名詞→動詞」，「動詞→名詞」などの品詞の変化を生じる現象が見られる。このような語形成は一般に転換（conversion），ゼロ派生（zero derivation），機能推移（functional shift）などと呼ばれている。

Marchand（1969: 357-389）や Kastovsky（2009: 153）は転換とはゼロ形態素（zero-morpheme）が基体に付加されることで派生する語形成と定義している。

まず，このゼロ形態素とは何かを説明しておく。たとえば，'to make someone a victim, treat someone like a victim'（人を犠牲にする，犠牲者のように扱う）を意味する動詞 victimize は，名詞 victim に動詞を派生する接尾辞 -ize が付加されることで生じると分析できる。その形態的構造は次のようになる。

  victimize → victim (n.) + -ize

つまり，victimize は規定要素 victim と被規定要素 -ize からなる統語体（syntagma）と言える。これと同じ論法で動詞 beggar（= 'to make someone a beggar'（人を乞食にする））の形態的構造を示すと以下のようになる。

  beggar → beggar (n.) + -Ø

動詞 victimize は名詞 victim と動詞を派生する接尾辞 -ize の結合によって形成されていると考えれば，動詞 beggar も名詞 beggar に動詞を派生する接尾辞が付加されて生じると分析できる。この接尾辞は形を持たない形態素と考えられるので，ゼロ形態素と呼ばれ -Ø などで表記される。つまり，ゼロ形態素を想定することで，転換も他の接辞付加による派生語と同じように統一した説明が可能となる。

これまで Marchand (1969) や Kastovsky (2009) をはじめ多くの研究者がこのような考えに基づいて，時に転換をゼロ派生またはゼロ形態素による派生 (derivation by zero-morpheme) と呼んでいる。しかし，ゼロ形態素（つまり，ゼロ接尾辞）を想定することで，有形の接尾辞と同じと考えてよいであろうか。

転換では必ず品詞が変化する。ところが，接辞の中には品詞の変化を引き起こさないものもある（たとえば，engineer（技術者）の場合 -eer は名詞 engine に付加してやはり名詞 engineer を派生）。また，接頭辞の中には encage（〜を檻（かご）の中に閉じ込める）における en- のように名詞 cage に付加して動詞を派生する接辞がある。そして，この cage そのものが接辞付加なしに動詞として用いられることもある。[3] これらを図示すると次のようになる。

encage (v.)　→　en- + cage (n.)
cage (v.)　　→　Ø- + cage (n.)

このような事実を考えると，ゼロ形態素（ゼロ接尾辞）の設定が転換のすべてを説明しているとは言えないであろう。

歴史的にみると転換はもともと品詞別に異なる形をもっていた語が，古英語後期から中英語期以降の語尾屈折の消失により同形とな

---

[3] ただ，接頭辞の多くは基体の品詞を変えることはないので，encage (v.) のような場合は例外的なものとみなして，一般には転換とは「基体＋ゼロ形態素」という形態的構造を持つとしてよいであろう。

り形態上は区別がつかなくなった結果とも言える。たとえば，古英語の名詞 lufu（愛）と動詞 lufian（愛する）は次のような変化をしている。

  OE lufu → ME lufe → ModE love
  OE lufian → ME luvien → ModE love

これによって特に名詞を動詞として用いることへの道が開かれ，後期中英語では転換が頻繁に見られるようになり，初期近代英語では全く普通の語形成となったのである。

すでに第 1 章の「はじめに」で述べたように，転換を歴史的に考察した研究に Biese (1941) がある。Biese (1941) は 13 世紀から 19 世紀までの転換を形態的・統語的観点から調査・分析している。この研究によると，転換でも最も多く用いられている型は「名詞→動詞」(以下「名詞転換動詞」(denominal converted verb) とする) である。したがって，以下ではチョーサーにおける名詞転換動詞に限定して論を進めることにする。

詳細な検討に入る前に，次節以降で転換の基体を決める基準およびゼロ形態素に基づく分析とは異なる観点から名詞転換動詞を捉えようとしている研究について述べておく。

3. 転換の方向を決める基準は何か？

転換によって派生した語が「名詞→動詞」なのか「動詞→名詞」なのかを決める基準は何かについて，大石 (1988: 167-174)，Iacobini (2000: 870-871)，Nagano (2008: 87-95) の研究に基づいてその基準を紹介する。

大石 (1988) は五つの基準を提示している。

1. 意味的な基準
たとえば，net は名詞にも動詞にも使われているが，名詞を基体に

して定義すると 'put into a net'（網に入れる）と言える。一方，動詞を基体とする名詞と考えると 'an instrument for netting'（網に入れるという行為をするための道具）となり，mosquito net（蚊帳）などの名詞の持つ意味は排除される。つまり，名詞の有する意味をすべて表せるとは言えないので，net は「名詞→動詞」となる。

2. 接尾辞付加を基準とする

接尾辞はそれぞれ特定の品詞を派生する機能をもっている。そのような接尾辞が付加されているにもかかわらず，別の品詞として機能した場合は転換が生じたと考える。たとえば，signal（sign（v.）+ -al）[4] は「信号」という意味の名詞であるが，signal（信号を送る）という動詞にもなる。つまり，名詞を派生する接尾辞 -al が付加されているにもかかわらず動詞として使われているので signal は「名詞→動詞」と判断される。

3. ロマンス語系の2音節からなる名詞は動詞に転換されると強勢移動は見られないが，次の conduct のように動詞から名詞に転換される場合は強勢移動が生じる。

   condúct（v.）（行動する）　→　cónduct（n.）（行動）

したがって，conduct の場合は「動詞→名詞」となる。

4. 動詞は項（argument）を必要とするが，名詞の場合はこのような項を必要としない。たとえば，thief は 'the thief of the bank' のように of 前置詞句をとることはないが，robber は 'the robber of the bank'（その銀行を襲った強盗）のように of 前置詞句を必要とする。つまり，元の動詞 rob の目的語をそのまま引き継いでいる。この相違を転換に適用すると，名詞が基体ではなく動詞が基体であ

---

[4] ただし，sign（v.）の意味は「信号を送る」ではなく「合図する」である。

ることが分かる。したがって，his release by the government（政府による彼の釈放）での release は「動詞→名詞」ということになる。

5. クラス I 接辞との付加の有無による基準
figure (n.) と figure (v.) を例にとると，名詞から形容詞を派生するクラス I 接辞 -al の付加は可能であるが，動詞から形容詞を派生するクラス I 接辞 -ive の付加は不可能である。

  figure-al（像からなる） *figur-ive

したがって，figure (n.) と figure (v.) では「名詞→動詞」の転換となる。

　この五つの基準の中で，3. の基準は中英語の韻文では韻律の要求もあり，強勢移動が絶対的な基準にはならない。また，4. の項についても，現代英語なら of 前置詞句などが必ず使われているか，省略されていても予想がつくが，中英語などでは必ず項構造が使われるか曖昧な点もあるので，決定的な基準とは考えられない。
　次に Iacobini (2000: 870-871) と Nagano (2008: 87-95) の主張を見てみよう。Iacobini (2000) は転換の派生プロセスとして以下のような基準をあげている。

  formal criterion
  semantic criterion
  quantitative-distributional criterion
  possibility of further derivation
  restrictions on word-forms
  relative frequency

これらの基準のうち，転換は形態の変化を伴わないから formal criterion は除外される。したがって，semantic criterion 以下を説

明しておく。Iacobini (2000) は semantic dependence とも言っている。転換によって生じる意味は元の基体の意味に基づいている（つまり，基体の意味に dependent している）から semantic dependence となる。あとの節で述べるように，名詞転換動詞を論じている Clark and Clark (1979) のあげている例はほとんどこの semantic dependence によるものである。たとえば，転換動詞 kennel（犬小屋に入れる）は 'put into kennel' の意味であるから，基体の名詞 kennel（犬小屋）の意味から派生していることになる。

ただし，Nagano (2008: 88) はこの semantic dependence criterion は抽象的な意味の場合はあまり有効ではないことを指摘している。たとえば，respect（尊敬／尊敬する）を 'have respect' の意味と考えれば，「名詞→動詞」（つまり，名詞が基体）となり，'act of respecting' の意味と捉えれば，「動詞→名詞」（つまり，動詞が基体）と解釈されると述べている。そこで Nagano (2008: 89-90) は動詞 employ とその派生語 employee を例にとって次のように主張している。すなわち，employ には少なくとも 'hire'（雇う），'require'（〈仕事などが〉〈人・時間などを〉必要とする），'make use of'（〈道具・手段などを〉利用する）の三つの意味があるが，employee には 'the person who is hired'（雇用人）の意味しかない。ということは，三つの意味を表す動詞 employ から接尾辞 -ee の付加により生じた派生名詞 employee はたった一つの意味しか表さないということになる。この事実は転換にも言えることになる。たとえば，control と reply の場合を考えてみよう。

名詞 control	動詞 control
the power to make decision（支配力）	to have power over（〈社会などを〉支配する）
the activity of restricting（統制）	to restrict（制限する）
the switches and buttons of	

a machine（機械操縦装置）
　the standard of comparison
　　in a scientific research
　　（実験的観察において結果を
　　比較するための標準）
　the place where orders are given
　a particular key on a computer keyboard
　　（コンピュータの制御ビット）

これでわかることは名詞の control のほうが動詞の control より多くの意味を有しているということである。したがって，control は「名詞→動詞」型の転換と判断できる。一方，名詞の reply と動詞の reply はどうであろうか。

名詞 reply	動詞 reply
an answer in words（返事）	to answer in words（〈文書で〉答える）
a response made by a gesture（応酬）	to respond by a gesture（〈行動などで〉応じる）
a pleading by the plaintiff（原告による嘆願）	to answer a defendant's plea（被告人の嘆願に答える）
	to echo（こだまする）

ここでは名詞 reply より動詞の reply のほうが意味範囲が広いので，reply は「動詞→名詞」型の転換となる。

　Iacobini (2000: 870) が言う quantitative-distributional criterion については次のようになる：B という語彙グループが A という語彙グループから派生しているとした場合，B の語彙グループを構成しているなかの一つの語 b_1 に対応する語 a_1 は A の語彙グループに必ず存在し，この逆はありえない。これを Nagano (2008: 91) は Xment（X は拘束形態素（bound morpheme））を例にあげ

てさらに説明している。それによると，Xment という動詞でこの動詞に対応する名詞を持たない語は foment（〜を助長する）と dement（痴呆症にかかる）の2語のみであるが，Xment という名詞に対応する動詞を持たない Xment 名詞は 500 ほど（たとえば，armament（装備，兵器）や nutriment（栄養分）など）見られる。したがって，名詞の Xment と動詞の Xment でどちらが転換の基体かと言えば，名詞の Xment が基体であり「名詞→動詞」型の転換であるとなる。同じことは blacklist や snowball のような複合名詞が転換動詞として用いられた場合にも言えることであり，複合名詞のほうが転換動詞よりもはるかに頻繁に用いられているので，「名詞→動詞」型の転換となる。

次に possibility of further derivation についてであるが，派生語の一般的特徴としては接辞付加，特に接尾辞付加（suffix stacking）に関しては厳しい制約が課されている。[5] この制約は名詞転換動詞にも見られる。つまり，転換動詞は非常に生産的な -er, -ing, -able という三つの接尾辞以外は接尾辞付加を受けることができない。次の例を見てみよう。

 respect (n.): respect-ify, respect-ful
 respect (v.): respect-er, respect-ing, respect-able

この場合は動詞としての respect に -er, -ing, -able という三つの接尾辞が付加されている。したがって，respect は「名詞→動詞」型の転換であると断定できる。

さらに，転換の方向を決める要素として Iacobini (2000: 871) が提示しているものに restrictions on word-forms がある。これは屈折の特徴から転換の方向を決めようとするものである。たとえば，fly の場合について見てみよう。

---

[5] Aronoff and Fuhrhop (2002) はゲルマン語系の接尾辞（Germanic suffix）をもつ英語の単語は一つしか接尾辞を持てないと主張している。

He flied / *flew out to center field.
（彼はセンターにフライを打ち上げた）

この fly は「飛ぶ」の意味の動詞から「〈野球の〉フライ」という名詞になり，さらにこの名詞が fly「フライを打ち上げる」の意味の動詞に転換している。つまり，

fly (v.)　→　fly (n.)　→　fly (v.)
　I　　　　　II　　　　　III

ここで III の名詞転換動詞の fly は最初の I の動詞 fly「飛ぶ」の意味ではなく「フライを打ち上げる」の意味を表している。また fly の過去形は flew であるが，規則動詞の屈折語尾 -ed が付加されて flied となっている。つまり，本来の動詞の持つ不規則形（flew のこと）は認められず，規則形の語（flied のこと）になっている。このような現象はデフォルト（default）と呼ばれている。したがって，過去形に flew ではなく flied が用いられているので，「名詞→動詞」型の転換となる。[6]

最後の relative frequency の基準とは，一般的に言って，派生語はその基体よりも用いられる頻度が低いという事実に基づくものである。たとえば，Leech et al. (2001: 25–119) によれば，名詞の respect は 64 回，動詞の respect は 19 回見られるので，「名詞→動詞」型と判断できる。

これまで転換の方向性の基準について，大石 (1988)，Iacobini (2000)，Nagano (2008) の提案および説明を概観してきた。この基準を中英語の saffron (n.) (Chaucer *CT* Thop 1920) と saffron (v.) (Chaucer *CT* PardT 345) および sak (n.) (Chaucer *CT* RvT 4017) と sakken (v.) (Chaucer *CT* RvT 4070) に当てはめてみよう。MED には次のような意味が示されている。

---

[6] 伊藤・杉岡 (2002: 154–155) を参照。

sak (n.)
(1) a sack for grain or flour
(2) a sack for money
(3) a filled sack used as a mattress
(4) a full sack taken as an amount or standard measure
(5) a sack-like part of the human body
(6) a customary service, or its monestary value

sakken (v.)
(1) to pack in a sack

saffron (n.)
(1) the saffron crocus
(2) the corm of the saffron crocus
(3) the stamens and part of the stigma of the saffron crocus
(4) safflower

saffron (v.)
(1) to season or color with saffron

どちらの語も名詞のほうに多くの意味が記されており，動詞としての意味はそれぞれ一つしかない。したがって，sakken も safroun も「名詞→動詞」型の転換動詞と判断できる。また，チョーサーには argument (n.) (RvT 4123) (＝argument, disputation) と argumenten (v.) (Tr 1.377) (＝to argue) が使われている。これを上記の relative frequency の基準で見ると，名詞の argument は 21 回，動詞の argumenten は 1 回見られる。したがって，名詞の頻度がはるかに多いので「名詞→動詞」型の転換と言える。

4. Clark and Clark (1979), 影山・由本 (1997) と Nagano (2008)

Clark and Clark (1979: 768) は名詞転換動詞の意味が理解されるのは話し手と聞き手の間に取り決め (convention) のようなものがあるからだと言っている。その取り決めとは, 話し手が名詞転換動詞を用いた場合, 聞き手は容易に考えられる状態 (state), 出来事 (event) あるいはプロセス (process) を理解できると話し手は確信してその動詞を用いることだと述べている。このような概念に基づいて, Clark and Clark (1979) はおもに比喩的ではない具体的な (non-metaphorical concrete) 意味を表す名詞転換動詞を取り上げて, その意味特徴 (semantic properties) を次のように分析している。

  Locatum Verbs (物材動詞) 'put **NOUN** on something'[7]
    (e.g. She **buttered** her bread. (パンにバターを塗った))
  Location Verbs (位置動詞) 'put something in/at **NOUN**'
    (e.g. Kenneth **kenneled** the dog. (犬を犬小屋に入れた))
  Duration Verbs (期間動詞) 'spend **NOUN** in Paris'
    (e.g. Julia **summered** in Paris. (パリで夏を過ごした))
  Agent Verbs (動作主名詞) 'act as/like **NOUN**'
    (e.g. John **butchered** the cow. (牛を屠畜した))
  Experiencer Verbs (経験者動詞) 'do the act one would do to NOUN' (e.g. John **boycotted** the store. (その店の商品を排斥した))
  Goal Verbs (着点動詞) 'be in the state of **NOUN**'
    (e.g. John **powdered** the aspirin. (アスピリンを粉にした))

---
[7] 「物材動詞」等の名称については影山・由本 (1997: 24) および影山 (1999: 92) を参照。

Source Verbs（起点動詞）'make from **NOUN**'
　(e.g. John worded the sentence.（言葉を文にした））
Instrumet Verbs（道具動詞）'use **NOUN**/act on by **NOUN**'
　(e.g. They **bombed** the village.（村を爆撃した））
Miscellaneous Verbs（混合動詞）lunch, nut, rain, etc.

大文字表記の NOUN になっているのは，場所，動作主，道具，着点，起点などの意味をもつさまざまな名詞が NOUN に挿入されることを意味する。また，Miscellaneous Verbs とは，meals（食べ物に関するもの），crops（作物に関するもの），elements（天候や大気に関するもの）を指している。

この Clark and Clark (1979) を修正して語彙概念構造 (Lexical Conceptual Structure) を提示したのが影山 (1996: 37-92)，影山・由本 (1997)，Kageyama (1997: 45-96) である。この語彙概念構造とは，たとえば，Locatum Verbs を [ ]$_x$ CAUSE [BECOME [[ ]$_y$ BE WITH-NOUN]]（x と y は任意の要素）と表すものである。この語彙概念構造を以下に具体例で示す。

たとえば，Jane buttered the bread.（ジェーンはパンにバターを塗った）では butter が名詞転換動詞になっている。これを語彙概念構造にあてはめれば次のようになる。

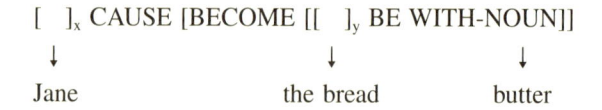

　　[ ]$_x$ CAUSE [BECOME [[ ]$_y$ BE WITH-NOUN]]
　　　↓　　　　　　　　　↓　　　　　　↓
　　Jane　　　　　　　the bread　　　butter

'the bread BE WITH butter' とは「パンにバターが塗られた状態」を意味している。つまり，物材動詞は butter に限らず，すべて [ ] CAUSE [BECOME [[ ] BE WITH-NOUN]] という一般的な概念構造を持っていることになる。

また，影山・由本 (1997: 34-38) では，Clark and Clark (1979) が Locatum Verbs としている skin, bone, milk (skin the banana

（バナナの皮をむく），bone the fish（魚の骨を取る），milk the cow（牛の乳を搾る））などは，取り外しや剥奪の意味を表しているので剥奪動詞であるとしている（これとは逆に，butter the bread では「パンにバターをぬる」の意味であるから，「取り付ける」の意味）。さらに，Goal Verbs のなかでも calve, lamb, whelp などは「母親が子を産む」の意味なので出産動詞と分類している。

このように，Clark and Clark (1979) も影山・由本 (1997) も，名詞転換動詞は多様な意味をもつ基体としての名詞に関連した意味特徴を有することは間違いないとしている。これは名詞が何らの接辞付加もなく動詞に機能変化するのであるから当然と言える。

この Clark and Clark (1979) と影山・由本 (1997) を評価しながらも，Nagano (2008) は語彙概念構造に基づけば，名詞転換動詞の数だけ概念構造を設定しなければならないと指摘している。また，たとえば，Duration Verbs とされている summer は 'spend the summer'（夏を過ごす），'sun oneself'（日光浴をする），'keep or feed (animals) during the summer'（夏の間〈家畜を〉放牧する），'give (a person) a happy time'（楽しい時をつくる）などの意味をもち，名詞転換動詞の表す意味は多様であるとし，結局名詞転換動詞が示す意味の一般化は「基体の名詞に関連した出来事や状態を示している部分だけである」としている。この考え方は Aronoff (1980: 747) の「転換そのものは意味特徴を全く示していない」という主張と同じものである。

それでは名詞転換動詞はどのようにして意味特徴を獲得するのか。この疑問に対して，Nagano (2008: 62) は sparse semantic approach[8] なるものを提案している。名詞転換動詞の意味は基体名

---

[8] 長野明子氏（東北大学准教授）のご教示によれば，sparse semantic approach の定着した日本語訳はなく，文字通りには「希薄な意味」あるいは「抽象的意味」となる。「転換の語形成規則には意味の指定はなく，具体的な意味は語用論によって決まる」ということから考えると，「語用論的アプローチ」あるいは「意味

詞の "evaluation domain"（推定できる意味領域），つまり基体名詞の有している慣習的あるいは瞬間的な活動（activity）から生じるとしている。たとえば，名詞転換動詞 rabbit は 'hunt for rabbits'（ウサギ狩りをする），'crowd together like rabbits'（ウサギのように群れる），'move quickly'（素早く動く），'run away'（〈ウサギのように群れをなして〉移動する）などの意味をもっている。このうちのどの意味を表すかは語用論的（pragmatic）に決まるのであり，名詞 rabbit が転換動詞になったとき，同時に特定の意味を指定しているのではないということになる。たとえば，次のような英文を見てみよう。

(1) A lot of jobless people **rabbit** together in the affiliated office.

この引用での rabbit が 'crowd like rabbits'（押し寄せる）の意味であることは，a lot of jobless people（多くの失業者）と in the affiliated office（その系列会社に）という語句のなかで用いられていることから決まる。もちろん，すべて語用論的に意味が決定されているのではない。[9] 次の例を見てみよう。

(2) John **Chevied** to New York.
　　（ジョンはシボレーでニューヨークに行った）

この文が「シボレー（Chevrolet）という車で出かける」と解釈できるのは，to という方向を示す前置詞があるからである。つまり，統合構造から意味が推定できることになる。

また，Nagano (2008: 84-85) では転換とは語彙目録（lexicon）に新しい語彙項目（lexical item）を再編入する（relisting）ことであると説明されている。動詞 cat を例にとれば，語彙目録から語彙

無指定アプローチ」という日本語訳になるようである。
　[9] 影山・由本 (1997: 15-16) を参照。

項目である名詞の cat を取り出し，異なる範疇となった転換動詞 cat を新たな語彙項目として語彙目録に再編入させるということになる。

名詞転換動詞についての Clark and Clark (1979)，影山・由本 (1997) および Nagano (2008) の見解を示したが，以上で明らかなように，影山・由本 (1997) も Nagano (2008) も Clark and Clark (1979) を否定しているのではない。そこで，次の節では名詞転換動詞についての包括的な論述をしている Clark and Clark (1979) を主に参考にしながら，チョーサーが初めて用いている名詞転換動詞の分析・記述を試みてみる。

5. チョーサーにおける名詞転換動詞の意味特徴

チョーサーにおける名詞転換動詞の分析・記述をする前に名詞転換動詞は何時ごろから用いられているのかについて述べておく。Jespersen (1942: 105-107) は英語における名詞転換動詞の初例は 13 世紀の *Ancrene Riwle* からとして次の例をあげている。

(3) ne makie none purses, uorte **ureonden** ou mide.

(*Ancrene Riwle* 191/29)[10]

(= Don't make any purses to make friends with you)

（親しくなるための財布など持つな）

この引用での ureonden は名詞 freond (= friend) から転換によって派生した動詞 freonden (= make friends with) であるが，Jespersen (1942) はこれを臨時語 (nonce word) としている。しかし，この freonden は *Ancrene Riwle* (a1250) 以降も用いられている。

(4) This king, which loved was and **frended**,

---

[10] 引用したテクストは Day (1952)。

A letter hath, which cam to him
Be Schipe fro Pentapolim,   (Gower *CA* 8.1964-1966)
(= This kind, who was loved and had friends, has a letter, which came to him by ship from Pentapolm)
(人々に愛され親しまれたこの王はペンタポリスから船便で来た1通の手紙を受け取った)

(5) he woll so **frende** hym there that he woll nat sette by your malyce.   (Malory *Wks.* 427.14-15)
(= he will make many friends there so that he will not care about your ill-will)
(そこで沢山の友人ができ, そうなれば何をしようとも気にも しなくなりましょう)

(6) Disorder, that hath spoil'd us, **friend** us now!
(Shakespeare *H5* 4.5.17)
(我々を死地に追い落とした破滅よ, 今こそ我々の味方となれ)

(4), (5), (6) の例で明らかなように, 名詞転換動詞 freonden は中英語以降も用いられており, OED が最終例としてあげている1867 年まで使われている。したがって, 後の節で詳しく述べるが, この freonden は臨時語ではなく新造語 (neologism) としての名詞転換動詞と言える。

このように, 名詞転換動詞は中英語以降しばしば用いられるようになる。Biese (1941: 36) によれば, 後期中英語のなかでもチョーサーが活躍した 1360-1399 年の間に用いられた名詞転換動詞は158 例 (タイプ頻度) 見られる。この 158 例のなかでチョーサーが最初に用いた名詞転換動詞は 46 例ある。以下ではこれら 46 例の名詞転換動詞の意味特徴を分析・記述する。

Locatum Verb:
(7) This yerd was large, and rayled alle th'aleyes,
And shadewed wel with blosmy bowes grene,

And **benched** newe, and **sonded** alle the weyes,

(Tr 2.820-22)

(= this yard was large and all the alleys were surrounded with a hedge and were shadowed by the green flowery branches and were provided with new benches and all the roads were graveled)

(中庭は大きく，どの小道も生垣で仕切られ，花咲き緑したたる枝によって木陰が与えられていた。新しいベンチが備えられて，道全体に砂利が敷かれていた)

(8) And in Latyn I speke a wordes fewe,
   To **saffron** with my predicacioun, (PardT 344-45)
   (= I say a few words in Latin to flavor with saffron to my sermon.)
   (ラテン語で二言三言話しましょう，私の説教に色を付けるために)

(7)の benched は「ベンチを据え付ける」, sonded は「砂利を一面に敷く」という意味で使われており，(8)の saffron は「サフランの香りを付ける」という意味を表している物材動詞と解釈できる。次の cerclen も物材動詞としての例である。

(9) That with his bond Love of his vertu liste
   To **cerclen** hertes alle and faste bynde, *(Tr* 3.1766-67)
   (= May Goddess with his chain and his power encircle and tightly fasten the hearts of all people)
   (愛の女神がその鎖とその力により，喜んであらゆる人の心を取り囲み，しっかり縛りたまえ)

ただし，この物材動詞 cerclen は「円を作る」という意味が比喩的に用いられており「～を取り囲む」の意味になっている。

Location Verb:
(10) And whan the mele is **sakked** and ybounde,

　　　　　This John goth out　　　　　　　　　　　(RvT 4070-71)
　　　　　(＝when the meal had been put in the sack and the sack
　　　　　had been bound, John went out)
　　　　　(あら粉が袋に詰められ，袋の口が縛られると，ジョンは外に出た)
(11)　　How that myn egle faste by
　　　　Was **perched** hye upon a stoon;　　　　　(*HF* 1990-91)
　　　　(＝my eagle perched close and high up on a stone)
　　　　(私の鷲がすぐ近くの石の上に止まっていた)

(10)では名詞 sack (袋) が，(11)では名詞 perch (〈鳥の〉止まり木) が転換動詞となっており，ともに場所を表している。

　Agent Verb:
(12)　　And for he **squiereth** me bothe up and doun,　(WBT 305)
　　　　(＝because he guarded me as a squire wherever I went)
　　　　(彼は私のお供をしてあっちこっち行ってくれたから)
(13)　　With which he wont is to **heraude**
　　　　Hem that me list ypreised be.　　　　　(*HF* 1576-77)
　　　　(＝he is accustomed to conduct himself like a herald for
　　　　those whom I want to praise)
　　　　(私が褒めたい人々に対して，彼はそれでもっていつも伝えるのです)

(12)では名詞 squire (〈護衛のための〉従者) が転換動詞として，(13)では名詞 herald (伝令者) が転換動詞として用いられている。

　Experiencer Verb:
(14)　　Now lat hym **riote** al the nyght or leve.　　(CkT 4414)
　　　　(＝Now let him engage in reveling all the night)
　　　　(さあ，彼に思う存分夜通し飲み騒がせよう)

この例での riote は 'revel' (酒盛りのお祭り騒ぎ) の意味であり，転換動詞として用いられている。

Goal Verb:

(15)　And forth he wente, shortly for to telle,
　　　Ther as Mercurye **sorted** hym to dwelle.　　(Tr 5.1826-27)
　　　(= to tell in brief, Mercurius went forth to the place allotted for him)
　　　(手短に言うと，メリクリウスは，彼に割り当てられたところへと旅立った)

(16)　We may **creaunce** whil we have a name,　　(ShipT 289)
　　　(= we can borrow money while we have a reputation)
　　　(評判の良い間はお金を借りることもできる)

(15) では，名詞 sort (= allotment, assignment) が転換動詞となり，「～を割り当てる」という意味を表している。(16) では名詞 creaunce (= belief) が転換動詞となっており，「信頼」→「信頼を得る」(ここでは「〈信頼から〉お金を借りられる」の意) という意味になっている。

Source Verb:

(17)　They **murmureden** as dooth a swarm of been,　　(SqT 204)
　　　(= they grumble as a swarm of bees do)
　　　(ミツバチの大群のように，彼らはぶつぶつつぶやいていた)

(18)　Why **noysen** ye or bosten of your eldres?　　(Bo 3.m6.9)
　　　(= Why do you make a noise or boast of your ancestors?)
　　　(なぜ祖先のことを吹聴したり自慢するのか)

(17) の murmureden は名詞 murmur (= mutter (つぶやき)) が転換動詞として用いられ，(18) の noysen では名詞 noise (= noise (たわごと)) が転換動詞となっている。[11]

---

[11] Clark and Clark (1979: 775) を参照。

Instrument Verb:

(19) That in her tyme famous were
To lerne, saugh I **trumpe** there. (*HF* 1249-50)
(= I saw that those who were known to be famous in those days played the trumpet there)
(その当時有名な噂のあったすべての人々も、そこでトランペットを吹いていた)

(20) The sely tonge may wel rynge and **chymbe**
Of wrecchednesse that passed is ful yoore; (RvT 3896-97)
(= The simple tongue may well ring out and chime of wretched woes that passed so long before)
(老いぼれたその舌は随分昔になった惨めな事柄を鐘の舌のごとくに繰り返し語って鳴り響かせるだけさ)

(19) の trumpe は名詞 trumpet の転換動詞であり, 'play a tune on a trumpet' を意味している。(20) の chymbe は名詞 chimb の転換動詞で, 'play a tune on a carillon (= chimb)' という意味で使われている道具動詞となっている。また次の例では具体的な「物」ではないが, 道具動詞として用いられていると考えられる。

(21) For which thise wise clerkes that ben dede
Han evere yet **proverbed** to us yonge, (*Tr* 3.292-93)
(= these wise persons who were dead convey a message to us young people with the proverb)
(昔の賢人たちは我々若輩に対して諺にして残しておられます)

ここでの転換動詞 proverbed は名詞 proverb の転換動詞であり, 'convey with a proverb'「諺を使って何かを伝える」の意味で使われている。

Miscellaneous Verb:
ここに属する名詞転換動詞は Crops (収穫) や Elements (〈天候や

大気の〉自然力）を表している。
(22) Your chere floureth, but it wol not **sede**;　　　(*Anel* 306)
　　　(= your behavior blooms, but it will not bear fruit)
　　　（あなたの態度は花を咲かせるが，結実しない樹木のようなものでしょう）
(23) Thou **tempeste** the nat thus with al thy fortune,

(*Bo* 2.pr4.68)

　　　(= you did not disturb yourself with all your destiny)
　　　（運命のすべてを悲しむものではなくなった）

(22) の sede は名詞 seed「種，実」の転換動詞であり「収穫」を意味する 'bear fruit'（実を付ける）を指している。(23) の tempeste は名詞 tempest（嵐）の転換動詞であるが，ここでは比喩的に用いられて 'disturb violently'（〈嵐のように荒れて〉〈人を〉困らせる，悩ます）という意味で使われている。

　これらの意味特徴はそれぞれ独立して存在するのではなく，影山・由本（1997: 14-32）の語彙概念構造に基づけば次のような共通する要素が見られる。

　　道具動詞：[　]$_x$ ACT ON-[　]$_y$ BY-MEANS-OF-[NOUN]$_z$
　　動作主動詞：[　]$_x$ ACT ON-[　]$_y$ AS/LIKE-[NOUN]$_z$
　　位置動詞：[　]$_x$ CAUSE [BECOME [[　]$_y$ BE AT-[NOUN]$_z$]]
　　物材動詞：[　]$_x$ CAUSE [BECOME [[　]$_y$ BE WITH-[NOUN]$_z$]]

通常 [　]$_x$ の位置には主語が，[　]$_y$ の位置には目的語が現れる。この語彙概念構造でみると，道具動詞と動作主動詞は [　]$_x$ ACT ON-[　]$_y$ が共通であり，異なるのは BY-MEANS-OF と AS/LIKE の部分となる。位置動詞と物材動詞は [　]$_x$ CAUSE [BECOME [[　]$_y$ BE までが共通であり，違うのは AT-[NOUN]$_z$ と WITH-[NOUN]$_z$ ということになる。着点動詞と起点動詞も位置動詞の概

念構造 [ ]$_x$ CAUSE [BECOME [[ ]$_y$ BE AT-[NOUN]$_z$]] と同じであるが，普通は [NOUN]$_z$ のところに具体名詞ではなく抽象名詞が現れる。たとえば，(16) の creance の場合は，[NOUN]$_z$ のところに 'belief'（信頼，信用）という抽象名詞が挿入されることになる。

以上の名詞転換動詞をタイプ頻度で見てみると次のようになる。

Locatum Verb	19
Location Verb	6
Agent Verb	5
Experiencer Verb	1
Goal verb	6
Source Verb	2
Instrument Verb	5
Micellaneous Verb	2
TOTAL	46

表 1

この表で明らかなように，チョーサーでは Locatum Verb として用いられている場合が最も多いことになる。また，これらの名詞転換動詞の語源的要素を見てみると，ゲルマン語系の語は sakken (= put in a sack) [RvT 4070], sanden (= sprinkle with sand) [*Tr* 2.822], seden (= bear fruit) [*Anel* 306], spoten (= stain) [*Tr* 4.1578] の 4 例のみで，あとはすべて古フランス語またはラテン語起源の語になっている。これはノルマン人の英国征服により，中英語期，特に後期中英語になって多くのラテン語系の語がイングランドに流入したことによる。さらに注目すべきは，これらの名詞転換動詞は単音節語かあるいは 2 音節語であることである。

6. 臨時語 (nonce word) とは何か？

転換とほとんど同じ言語現象に臨時語という語形成が見られる。転換を広い意味で捉えれば，臨時語も転換と同じであるが，狭義には臨時語はこれまで述べてきた転換とは異なる現象と考えられる。すでに5節で Jespersen (1942: 105-107) が英語における最初の名詞転換動詞としている例を紹介した。

(24) (= (3))　ne makie none purses, uorte **ureonden** ou mide.
(*Ancrene Riwle* 191/29)

Jespersen (1942) はこの例に見られる ureonden/freonden を臨時語としているが，*Ancrene Riwle* (a1250) 以降の中英語の作品にも ureonden/freonden は使われていることを考えると，この語が臨時語とは言えない。Jespersen (1942: 105) は次の例も臨時語としている。

(25) this ys the gretteste cause that thou **coragyst** me to have ado with the,　　　　(Malory *Wks.* 381/20-21)
(= this is the greatest cause that you encourage me to have a fight with you)
(これがそなたと戦うよう奮い立たせた一番の大きな理由ということなのだ)

(26) I woll **corrayge** othir men of worshyp to do as I woll do.'　　　　(Malory *Wks.* 1146/28-29)
(= I want to encourage other honorable men to do as I want to do)
(他の立派な人たちを勇気づけて私に続いてやってもらいたい)

(25) と (26) の例で明らかなように，corrayge (= encourage (勇気付ける)) は (25) の場合だけではなく他のところでも使われているので，臨時語とは言えないであろう。

Morita (1995: 468-473) および Quirk et al. (1985: 1525-1530) は「語彙化」(lexicalization) という観点から現代英語における臨時語を論じている。その主張によると，臨時語は「先行する文脈からの情報」(the information from the preceding context) に基づいて形成される。そして，臨時語は「語彙化」される前に「規範化」(institutionalization) というプロセスを持つとしている。たとえば，次の例を見てみよう。

(27) The thousands of students who do not get accepted at the one university of their choice spend a year, sometimes even two, in **cram** schools preparing to try again. These **crammers** are called *ronin*, a word used to describe the masterless, wandering samurai of the 17th and 18th centuries. (E. McGrath, 'The Test Must Go On,' in *Magazine English*, ed. C. Hamagami, Asahi Press, 1984, p. 10: Quated from Morita (1995: 472))
(志望校の大学に入学できなかった多くの学生たちは，再度受験するために1年間，時には2年間を予備校で過ごします。これらの予備校生は「浪人」と呼ばれています。「浪人」とは17世紀から18世紀にかけての主君をもたず各地を放浪する侍を表すのに使われる語です)

この例での crammer は先行する文に使われている cram (短期間詰め込み式の試験勉強) から作られた語である。文字通りには「詰め込む人」の意味であるが，ここでは「予備校生」を意味している。この crammer は「規範化」，つまり言語共同体に受け入れられ慣習化 (conventionalization) されるというプロセスを経て，語彙の一つとして認知される。

これとほぼ同じことを Brinton and Traugott (2005: 45-46) も指摘している。それによると，臨時語は，新造語とは違って，一定の語形成規則によって作られるものであり，その臨時語が使われて

いる文脈の中で理解されるとされている。この説明は上記の crammer の形成プロセスでも明らかである。また，たとえば，telephone box は「規範化」によって，「公衆電話室」の意味となり，「電話の形をした箱」や「電話機能を持つ箱」などとは対立した意味となる。したがって，Brinton and Traugott (2005: 46) は次のような過程を提示している。

nonce formation ＞ institutionalization ＞ lexicalization
（臨時語　　　＞　　　規範化　　　＞　　語彙化）

以上は現代英語に見られる臨時語についての考察であるが，臨時語と転換の大きな違いは，臨時語は先行する文脈に存在する語に基づいて形成されているということになる。もう一つは，Jespersen (1942: 83-107) および Franz (1939: 153) が述べているように，臨時語が形成されるのは「相手の言った名詞が臨時的にその瞬間だけ怒りなどから軽蔑的に動詞として使用される」場合ということである。たとえば，チョーサーとシェイクスピアからの例をあげてみよう。

(28) For yif ther were makyd comparysoun of the abydynge of a moment to ten thowsand wynter, for as mochel as bothe tho spaces ben endyd, [yit] hath the moment som porcioun of it, although it litel be. But natheles thilke selve nowmbre of yeeris, and eek as many yeris as therto mai be multiplyed, ne mai nat certes be **comparysoned** to the perdurablete that is endlees;　　　　(*Bo* 2pr7.98-107)
(＝if the comparison of the expectation of a moment with ten thousand years is made, because both of those spaces are ended, the moment has some portion of it, although the moment may be little. But none the less ten thousand of years and the multiplied years cannot be comparisoned

with the immortality.)

(いま一瞬の存在と1万年の歳月とを比べるならば, 一瞬も, 小なりとは言え, いささかの持続時間を有するから, どちらの時間にも終わりが来ることは同様です。ところが, その1万年も, さらに, それを1万倍した歳月も, 終わりのない永遠とは比べるべくもありません)

(29) Bullingbrook: I shall not need transport my words by you, Here comes his Grace in person. My noble uncle!
York: Show me thy humble heart, and not thy knee, Whose duty is deceivable and false.
Bullingbrook: My gracious uncle —
York: Tut, tut!
Grace me no grace, nor **uncle** me no uncle.

(Shakespeare *R2* 2.3.81-87)

(ボリングブルック: あなたにご返事を託する必要はなさそうだ, 公ご本人が見えられた。叔父上!
ヨーク: へりくだる心を見せてもらおう。折り曲げるひざではなく。ひざまずいての敬意には心のともなわぬことが多い。
ボリングブルック: いや, 叔父上—
ヨーク: チッ, チッ!
何が「叔父」だ, 何が「上」だ, もうよしてくれ)

(28)のチョーサーの例では名詞転換動詞 comparysoned が先行する文のなかで使われている名詞 comparysoun に基づいて臨時語として用いられている。ただ, ここでは相手を軽蔑してあるいは怒りから臨時語の comparysoned が用いられているとは言えない。(29)では grace と uncle が前文にある名詞の grace と uncle を受けて名詞転換動詞として現れている。この場合は, 明らかに相手に激怒して grace と uncle が臨時語として使われている。

以上で明らかなように, このような臨時語はほとんど名詞が動詞

として用いられている場合である。名詞転換動詞の場合は，先行する文に相当する名詞が存在する必要はないが，臨時語の場合は必ず先行するあるいは直後の文脈に該当する名詞が見られる。

臨時語は初期近代英語以降にかなり見られるが，それは言葉の節約性，語彙の補充，文体的効果の必要から生じる場合が多い。

この臨時語がたびたび用いられるようになると，Brinton and Traugott（2005: 46）が述べているように，「規範化」→「語彙化」して語彙の一部として定着することになる。

(30) I would have such a fellow whipt for o'erdoing Termagant, it **out-Herods** Herod, pray you avoid it.

(Shakespeare *Ham* 3.2.13-14)

（ああいうやつは鞭でひっぱたいてやりたくなる。あれでは回教徒の荒々しい神ターマガントの上を行き，ユダヤの暴君ヘロデ王以上にヘロデ的と言わねばなるまい。あれだけはやめてほしい）

この場合は，臨時語 out-Herod が先行する文ではなく後続の Herod（ユダヤの狂暴な王テロデ）に基づいて現れているが，この out-Herod（ヘロデ王の上を行く）は「狂暴な振る舞いをする」→「〜よりはなはだしい，〜をしのぐ」という意味となって現代英語の語彙の一部となっている。したがって，次のような out-Herod の応用表現が多く見られる。

(31) He **out-Napoleoned** Napoleon in ambition.
（彼の野心はナポレオンをしのぐものであった）

第 5 章

派生語と単純語との競合
―否定接辞付加語と否定語―

1. はじめに

Tottie (1980) は現代英語における話し言葉と書き言葉に見られる in-/un- 否定接辞付加語と not, nor, neither, never などの否定語の使用にいかなる制約があるかを考察している。まず、Tottie (1980) があげている以下の例を見てみよう。

(1) At the core of the problem is a political question: how to make choices within an **imperfect** society.
（問題の核心は不完全な社会でどのような選択の仕方をするかという政治的な問題である）

(2) ... it is still today almost **unknown** abroad
（それは今日海外ではまだ知られていない）

(3) Too much CO_2 could make cities **uninhabitable** ...
（二酸化炭素が多すぎると町に人が住めなくなる）

(4) That's not a **tiny** garment
（それはちっぽけな服ではない）

(5) Metaphor is **not easy** to deal with ...
（比喩は論じるのが容易ではない）

(1) の例では不定冠詞が前置されているために否定接辞付加語である imperfect が義務的に用いられている。(2) の場合は almost という強意の副詞と共起しているために否定接辞付加語 unknown が選択されている。(3) で否定接辞付加語である uninhabitable が採用されているのは、この派生語が make の目的語 cities の補語的要素となっていることによる。(4) の例では形容詞の tiny に相当する否定接辞付加語 untiny が存在しないために「否定語 not + tiny」が義務的に使われている。(5) の場合に uneasy が選択されないのは uneasy が意味的に easy の対語ではないからである。つまり、uneasy は「〈身体・心が〉楽ではない、くつろげない」という意味であり、「容易ではない」という意味をもたないからという

ことになる。

　Tottie (1980) は現代英語においては否定接辞付加語と否定語の間には以上のような使用上の制約があることを明らかにしているが，このような制約は初期の英語でも言えるのであろうか。以下では中英語，特にチョーサーの英語の場合にも，否定接辞付加語と否定語の使用に同じような制約が見られるのかを検討する。

2. チョーサーにおける否定接辞付加語と否定語の競合

2.1. 否定接辞 un- と in-

　実例を分析する前に，Marchand (1969: 168-170, 201-204) にしたがって否定接辞 un- と in- について述べておく。接頭辞 un- はすでに古英語に見られ，形容詞，副詞，名詞，形容詞化した現在分詞および過去分詞に付加されて，否定の意味を表しておりきわめて生産性の高い接辞である。この接頭辞の起源はゲルマン語族の a-, an- に遡る。したがって，古英語では約 1250 の un- 派生語が見られたが，1250 年頃までにそのほとんどが消滅した。中英語では unclearn (汚れた), uneven (釣り合いがとれていない), unfiar (美しくない), unmeet (法外な), unsound (健全でない) といったゲルマン語系の基体 (単純形容詞) に付加した語や unable (不正な), un-anxious (気にしていない), unequal (等しくない), unsure (確かでない), unsafe (安全でない) などのラテン語系あるいはフランス語系の基体に付加した語が見られる。また, unarmed (武器のない), unbefitting (ふさわしくない), unfeeling (感覚を持たない), unbound (自由の身になった), unwounded (傷つけられていない) のような形容詞化した現在分詞や過去分詞に付加した語もかなり使われている。このように un- 派生語の多くは単純形容詞または形容詞化した現在分詞および過去分詞との結合からなっている。

　一方，否定を表す接頭辞 in- はラテン語またはフランス語起源の

接辞であり，形容詞にのみ付加される。[1] 当然のことであるが，ラテン語またはフランス語起源の接頭辞であるから，in-派生語は14世紀から15世紀頃に頻繁に用いられている。たとえば，incomprehennsible（知力によって把握することができない），indigest（不消化の，粗雑な），infinite（無限の），inordinate（節度のない），insensible（認められないほどわずかの），inseparable（分けることのできない）など。また，この接頭辞 in- が付加される基体の語源的素性はラテン語系である。

以上で明らかなように，接頭辞 un- と in- はほとんど形容詞または形容詞化した現在分詞および過去分詞に付加されている。したがって，以下の分析でも形容詞または形容詞化した語を基体とした un- および in- 派生語と否定を表す単純語との競合について考察する。

2.2. 否定接辞付加語が義務的な場合
2.2.1. Premodifying Function（修飾する名詞に前置）

冠詞をはじめ属格代名詞や指示形容詞などの限定詞（determiner）がある場合，否定接辞付加語が要求される。

(6) the science of hym [=God], that … embraceth and considereth alle **the infynit** spaces of tymes preteritz and futures,　　　　　　　　　　　　　　　　　　　(*Bo* 5pr6.106)
（=the science of God, that embraces and considers all the infinite spaces of times—presents and futures）
（過去から未来にわたる無限の全期間を包括して考察する神の知見）

(7) Ther saugh I Colle tregetour

---

[1] 桑原ほか（1985: 432-434）によれば，現代英語では名詞に付加されて否定の意味を表している例もある：inaction（何もしないこと），indigestion（消化不良），inexperience（未熟，未経験），intolerance（耐えられないこと）など。

第5章　派生語と単純語との競合　　87

　　　　Upon a table of sycamour
　　　　Pleye **an uncouth** thyng to telle—　　　　　　(*HF* 1277-79)
　　　　(=there I saw a magician Colle playing upon a table made of sycamore a thing wondrous to explain)
　　　　(そこで手品師コーレが楓材のテーブルの上で説明しにくいことを演じていました)
(8)　Yow write ich **myn unresty** sorwes soore,　　　(*Tr* 5.1355)
　　　(=to you I painfully write my distressing sorrows)
　　　(私のひどく不穏な悲しい気持ちをあなたに書き送っています)
(9)　And therfore he, of ful avysement,
　　　Nolde nevere write in none of his sermons
　　　Of **swiche unkynde** abhomynacions,　　　　　(MLT 86-88)
　　　(=and therefore he, of much deliberation, would never write such unnatural disgusting vices in any of his writings)
　　　(だから彼は，大変賢明にも，そのような自然の道から外れた極悪非道な行為については，彼の作品にいささかも書いていません)

　(6)と(7)では定冠詞 the と不定冠詞 an が前置されているために，否定接辞付加語が用いられている。(8)では属格代名詞 myn が前置されているために否定接辞付加語が選択されている。(9)で否定接辞付加語が使われているのは swiche という限定詞が前置されていることによる。
　また，(10)と(11)に見られるように，呼びかけの場合も否定接辞付加語が義務的に選択される。

(10)　"**Immortal** God, that savedest Susanne　　　　(MLT 639)
　　　(=Immortal God, that saved Suzanne)
　　　(ああ，スザンヌをお救いになった不滅の神様！)
(11)　"O oold, **unholsom**, and myslyved man—　　　(*Tr* 4.330)
　　　(=O an old, unwholesome, and wicked man!)

(ああ，年老いた，堕落した，よこしまな生を送る男よ)

2.2.2. Adverbial Modification（副詞的要素による修飾）

強意の副詞が用いられている場合も否定接辞付加語が選択されている。

(12) Who koude telle yow the forme of daunces
So unkouthe, and swiche fresshe contenaunces,

(SqT 283-84)

(=who could tell you the form of dances and very strange and fresh expressions?)

(ダンスの形や非常に不思議で新鮮な表現をあなたに誰も語ることはできない)

(13) Liggeth thanne stille, al **outrely unknowable**, ... ne maketh yow nat knowe. (*Bo* 2m7.25)

(=Lie then still, utterly thoughtless, and don't make you be known)

(知られず静かに休むがよい。世に知られようとするなかれ)

(12) では強意の副詞 so が，(13) では強意の副詞 outrely があるためにそれぞれ否定接辞付加語が使われている。

2.2.3. Comparative and Correlative Construction（比較構文および相関構文）

形容詞の比較構文や neither ... nor ... のような相関構文では否定接辞付加語が必要となる。

(14) schrewes ben **more unsely** yif thei were of lengere durynge, (*Bo* 4pr4.166)

(=wicked men are more unhappy if they were of longer duration)

第5章　派生語と単純語との競合　　89

(悪人は悪人であるのが永ければ永いほど，より不幸である)

(15) is it certes **moost uncovenable** bitwixe a man and his wyf,　　　　　　　　　　　　　　　　　　　(ParsT 631)

(＝it is certainly most unsuitable between a man and his wife)

(それは夫と妻の間では最もふさわしくないのです)

(16) the renoun is **neyther** over-oold **ne unsellempne**.

(*Bo* 1pr3.59)

(＝the renown is neither old nor uncelebrated)

(彼らの風評は大昔のことでもないし無名というわけでもない)

(17) She was **nought** rude **ne unmete**　　　　(RomA 752)

(＝she was neither rude nor incompetent)

(彼女は粗野でもなかったし不快感を与えることもなかった)

(14) と (15) では more および most が用いられている比較構文であるために否定接辞付加語が義務的となり，(16) と (17) では neyther … ne … および nought … ne … という相関構文になっているために否定接辞付加語しか用いられない。

2.2.4.　Coordination (等位構文)

等位接続詞の and や or を用いた等位構文においても否定接辞付加語が要求される。

(18) Ther maystow seen devisynge of harneys
So **unkouth and** so riche, and wroght so weel

(KnT 2496-97)

(＝there you may see many kinds of knightly wear, strange, rich, and wrought with great appeal)

(非常に珍しく，まことに豪華でよくできている武具がそこで見られよう)

(19) That ilke day that evere she me fynde

> To hir **untrewe, or** in my gilt **unkynde**. (*PF* 433-34)
> (＝on that day when she finds me untrue to her or unkind by my fault)
> (私が不実であり，また不人情を犯していることを彼女が知ったその日に)

(18) では等位接続詞の and が使われているため否定接辞付加語である unkouth が義務的となる。なお，この例で not kouth とした場合，否定語の not の意味領域は rich および wrought にまでおよぶことになる。したがって，ここでは unkouth が選ばれていると考えられる。[2] (19) では等位接続詞 or が使われているために否定接辞付加語がみられる。ここでは un- 派生語が連続して用いられており，のちに述べる否定の意味を強調する文体的工夫がなされている。

2.2.5. Postmodifying Function (否定接辞付加語の後置)

名詞(句)の後方からその名詞(句)を修飾する場合，否定接辞付加語が要求される。

(20) ther is ful many a child **unborn** of his mooder (Mel 1041)
(＝there are a lot of children unborn of their mother)
(母親から生まれることのない多くの子供たちがいる)

(21) Loo Adam, in the feeld of Damyssene
With Goddes owene fynger wroght was he,
And nat bigeten of mannes sperme **unclene**, (MkT 2007-9)
(＝Look at Adam, in the field of Damascus he was created with God's own finger and was not born out of man's unclean sperm)
(ほらアダムを見なさい。ダマスカスの野において，彼は神自らの

---

[2] Tottie (1980: 106) を参照。

御手から造られたのであって，汚れた人間の種から生まれたのではない）

(22) Why han ye wroght this werk **unresonable**? (: stable)

(FranT 872)

(＝Why have you created this unreasonable work?)
（なぜあなたはこのような不当なものをお作りになったのか）

(23) God for his manace hym so soore smoot
With invisible wounds, ay **incurable**, (: importable)

(MkT 2599-60)

(＝ God for his threat so sorely had him smitten with an internal and incurable wound)
（神は脅かす者として彼を手ひどく打ち据え，目に見えない不治の傷を負わせた）

(24) That lik a thing **inmortal** semed she, (*Tr* 1.103)
(＝she semed like a thing immoral)
（彼女は永遠不滅の人のように見えた）

(20) では不定冠詞と共起していることから unborn という否定接辞付加語が義務的に用いられている。さらに，この否定接辞付加語が名詞 child の後に現れているのは of 前置詞句が続くためということになる。(21) の場合は，unclene が名詞 sperme を修飾しているが，この名詞の前に属格形の名詞 mannes があるために否定接辞付加語が使われている。名詞 sperme の後に現れているのは 2007 行にある Damyssene と押韻するためである。（つまり，Damyss-**ene** と uncl-**ene**）。(22) の unresonable と (23) の incurable もそれぞれ stable, importable と押韻させる必要からである。しかし，(24) の inmortal は脚韻の位置にないのになぜ修飾する名詞 thing の後に置かれているのか（否定接辞付加語が選択されているのは thing の前に不定冠詞がきていることによる）。一つの可能性としては韻律（meter）が考えられる。そこで (24) を律読してみる

と次のようになる。

That lĭk ă thíng ĭnmórtăl sémĕd shé[3]

つまり，この行の韻律は弱強五歩格（iambic pentameter）となっている。この韻律を維持するために inmortal が後置されているのかどうかを確かめるために，この inmortal を thing の前に移動させて律読してみる。

That lĭk ăn ĭnmórtăl thíng sémĕd shé

入れ替えても韻律は弱強五歩格で同じである。ということは inmortal が後置されているのは韻律の要求であるとは断定できないことになる。同様のことは次の例にも言える。

(25) For office **uncommytted** ofte anoyeth." (*PF* 518)
(= because the duty which is not entrusted to anyone often annoys other persons)
（義務を負わない仕事はしばしばみんなに迷惑をかけるからね）

これを律読すると次のようになる。

Fŏr óffĭce ŭncómmýttĕd ófte ănóyĕth

律読で明らかなように，ここでも弱強五歩格になっている。次に uncommytted を office の前に置いた場合を律読してみる。

Fŏr ŭncómmýttĕd óffĭce ófte ănóyĕth

この場合も弱強五歩格の韻律になっているので，uncommytted が名詞 office の後ろに配置されているのは韻律上の理由とは考えにくいということになる。(24) と (25) の例は韻文の場合なので，韻律が関係しているのではという見方は可能であるが，否定接辞付

---

[3] ˘ は弱強勢，´ は強強勢を示している。

第 5 章　派生語と単純語との競合　93

加語の後置は次の例のように散文にもしばしば観察される。

(26) How grete seknesses and how grete **sorwes unsuffrable**, … ben thilke delices wont to bryngen to the bodyes of folk that usen hem!　　　　　　　　　　　　(*Bo* 3pr7.5)
(＝how great sickness and how great sorrows intolerable the fleshly pleasures are accustomed to bring to the bodies of people who use fleshly pleasures!)
(快楽に耽っている人々の肉体には放蕩の報いとして，何という大病や耐え難い悲しみがもたらされたことでしょう)

この例では unsuffrable が修飾している名詞 sorwes の後ろに置かれている。しかし，次の (27) の例では同じような文脈で名詞 sorwe の前に unsuffrable が置かれている。

(27) sche confounde with **unsuffrable sorwe** hem　(*Bo* 2pr1.19)
(＝ she confounds them with intolerable sorrow)
(彼女は耐え難い悲しみで彼らを混乱させる)

(24) と (25) に見られる un-/in- 派生語の後置は限定的な意味よりも叙述的な意味，つまり，それぞれ 'a thing is inmortal' と 'office is uncommitted' の意味を表そうとしているとも考えられる。また，次の例では別の理由も考えられる。

(28) O **bussh unbrent**, brennynge in Moyses sighte,　(PrT 468)
(＝ O the bush unburnt, burning in Moses's sight!)
(おお，モーゼの目の前で燃えながら，燃えなかった草むらよ！)

(28) の場合も bussh unbrent を unbrent bussh として律読しても弱強五歩格となり，派生語が後置されているのは韻律の要求によるとは考えられない。

　　　Ŏ bússh ŭnbrént, brénnўnge ĭn Móysĕs síghtĕ

O unbrent bussh, brennynge in Moyses sighte

この場合は unbrent (燃えなかった) と直後にある語 brennynge (燃えている) と対比させるという文体的工夫と考えられる。

またチョーサーではすでに (20) と (26) で言及したように散文でしばしば否定接辞付加語の後置の例が見られる。

(29) I trow that thou hast seyn some newe **thyng** and **unkouth**.   (*Bo* 2pr1.50)
(=I believe that you have seen some new thing and strange)
(そなたは何か新しい今まで知らなかったものを見たためだと私は思う)

(30) the laste of his labours was that he susteynede the hevene uppon his **nekke unbowed**;   (*Bo* 4m7.60)
(=the last of his labors was that he supported the heaven on his neck unbowed)
(彼の最後の苦行は不屈の首に天空を支えることであった)

(31) For ther nis nothing so late, in so schorte bowndes of this lif, that is long to abyde, nameliche to a **corage immortel**.   (*Bo* 4pr4.43)
(=For there is nothing so late, in so short limits of this life, that is long to wait, particularly to a spirit immortal)
(それというのも、人生というかくも短い期間において、特に不滅の霊魂にとっては、待ちきれないほど遅いものは何もないのですから)

(32) For this ilke infinit moevyng of temporeal thinges folweth this presentarie estat of the **lif inmoevable**; (*Bo* 5pr6.70)
(=this infinite moving of temporal things follows this present estate of the life immovable)
(この時間的事物の無限の運動は、不動の生命の現在的状態を模倣

第 5 章　派生語と単純語との競合　　95

したものです)

(33) of whiche causes the **cours unforseyn** and **unwar** semeth to han makid hap. 　　(*Bo* 5pr1.75-76)
(＝the course of the causes unforeseen and unexpected seems to have maked chance)
(その原因の成り行きが予見も予知もできないため偶然が生じたように見えるのである)

(33)の例では二つの否定接辞付加語 unforseyn と unwar が並置されているために，名詞 cours（成り行き）の後に配置されたものと考えられる。しかし，(26) の unsuffrable，(29) の unkouth，(31) の immortal，(32) の inmoevable が後置されているのをどのように理解したらよいか。(26) の場合は名詞 sorwes の前に grete という形容詞があるために，もう一つの否定接辞付加語 unsuffrable は sorwes の後ろに置かれているとも考えられる。現に，(27) では sorwe の前に何も形容詞は置かれていないので unsuffrable が前置されている。同じことは (29) の unkouth にも言える。ここでは名詞 thyng の前に newe という形容詞があるために unkouth が後置されたのであろう。

　しかし，これでは (26)，(30)，(31)，(32) における un- / in- 派生語の後置は依然として説明できない。チョーサーがボエティウス (Boethius) の『哲学の慰め』(*De Consolatione Philosophiae*) を英訳するに際して原典としたのはラテン語版と古フランス語版である。そこで，以下に (26)，(30)，(31)，(32) の該当する部分を再度引用して，この否定接辞付加語の使用にもこれらの原典の影響が見られないかを検討してみる。

(26)　Bo 3pr7.5:　sorwes unsuffrable
　　　Latin:　quam intolerabiles dolores
　　　　　　how　unsuffrable　sorrows

>   Old French: con gans douleurs non souffrables
>   *how great sorrows not suffrable*

(30) Bo 4m7.60: nekke unbowed
> Latin: inreflexio
> *with unbended neck*
>
> Old French: seur son col   sens flechir
>   *on his neck not bended*

(31) Bo 4pr4.43: corage immortel
> Latin: immortalis … animus
> *immortal   life*
>
> Old French: courage meisment qui   n'est pas mortiex
>   *life   namely   which is not mortal*

(32) Bo 5pr6.70: of the lif inmoevable
> Latin: uitae immobilis
> *life immovable*
>
> Old French: de vie non mouvable
>   *of life not movable*

(26) はラテン語では形容詞 intolerabiles が名詞 dolores の前に置かれ, 古フランス語では否定語 non を伴った形容詞 souffrables が名詞 douleurs の後ろに現れていることを示している。(30) ではラテン語が 1 語で with unbended neck の意味になっており, 古フランス語では名詞 col の後ろに否定語 sens と共起している形容詞 flechir が見られる。(31) はラテン語では形容詞 immortalis が名詞 animus の前に現れており, 古フランス語では名詞 courage が関係詞節 qui n'est pas mortiex (つまり, not mortal = immortal) に修飾されていることを示している。(32) は, ラテン語では形容詞 immobilis が名詞 uitae の後ろに置かれていることを, そして古フランス語では否定語 non を含む形容詞 mouvable が名詞 vie の後ろに置かれていることを示している。

これらの事実から言えることは，(32) を除いてラテン語では否定の意味を持つ形容詞が名詞の前に現れており ((30) では inreflexio の 1 語のみ)，古フランス語では否定語と共起している形容詞あるいは形容詞相当の要素が名詞の後ろに来ているということである。すなわち，チョーサーの *Boece* で否定接辞付加語である形容詞が名詞の後ろに見られるのは古フランス語原典の影響によるのではないかということである。ただし，次のすでにあげた (27) の例がある。

(27)　Bo 2pr1.19:　unsuffrable sorwe
　　　Latin:　intolerabili dolore
　　　　　　　unsuffrable sorrow
　　　Old French:　doulour neant souffrable
　　　　　　　　　sorrow　not　suffrable

ここではラテン語では「形容詞 (intolerabili) ＋名詞 (dolore)」，古フランス語では「名詞 (doulour) ＋形容詞句 (neant souffrable)」になっているが，チョーサーは「形容詞 (unsuffrable) ＋名詞 (sorwe)」としている。したがって，(27) では古フランス語の語順の影響は見られないことになる。

　なお，次の例で明らかなように，後期中英語の他の散文作品では un-派生語が後置されている例は見られない。

(34)　I drede the wratthe of God; and thys ys an **unkyndely** werre.　　　　　　　　　　　　　(Malory *Wks*. 973/28-29)
　　　(＝I dread the wrath of God; and this is an unnatural war.)
　　　(私は神の怒りを恐れているのです。それにこれは人道に反する戦いです)

(35)　Sir Galahad prayde you to remembir of thys **unsyker** worlde,　　　　　　　　　　　　　(Malory *Wks*. 1036/28)

(= Sir Galahad prayed you to remember of this uncertain world)

(サー・ガラハッドはあなたがこの不確かなこの世をお忘れにならないようにと願っていました)

(36) Thus the **vnkynde** men now adayes rewarde them that doo them good (Caxton *Reynard* 83/30)[4]

(= thus the ungrateful men nowadays repay those who do good for them)

(近頃は恩知らず者が世話になった者にこんな報い方をするのです)

Elliott (1974: 160-164) によれば, *Boece* という翻訳作品はチョーサーが独自の英語を造り出すために言語的実験をしたものであり, 特に un-派生語の多用が顕著であるとされている。このことが否定接辞付加語のさまざまな使用に反映されているのかもしれない。

2.2.6. Subject Complement Construction (主格補語構文)

自動詞の主格補語の機能を持つ場合は否定接辞付加語が用いられる。

(37) Y see wel now certeynly withouten doutes the thinges that whilom **semeden uncerteyn** to me." (*Bo* 3pr11.190)

(= I see well now certainly without doubt the things that formerly seemed uncertain to me)

(以前には不確かのように見えたものが今では疑いもなく確かによく見える)

(38) Hir liste nat appalled for to be,
Ne on the morwe **unfeestlich** for to se, (SqT 365-66)

(= she did not wish to be faded in the morning nor to

---

[4] 引用したテクストは Blake (1970)。日本語訳は木村 (2001) を参照。

look tired out)

(彼女は朝青白い顔色をしたり，疲れ切ったように見えるのを好まなかった)

(39) somme of hem semen parfit cercles and somme **semen inparfit**. (*Ast* 1.18.4)

(＝some of them seem perfect circles and some seem imperfect)

(それらの幾つかは完全な円のように見えるし，またいくつかは不完全なように見える)

(37) では uncerteyn が semeden の補語に，(38) では unfeestlich が se の補語に，(39) では inparfit が semen の補語になっている。このような場合は否定接辞付加語が義務的となる。

2.2.7. Object Complement Construction (目的語補語構文)

目的語の補語の位置に現れる場合も否定接辞付加語が要求される。

(40) And ells **holdeth me** fals and **unable**
Amonges folk for evere to appeere. (CYT 1131-32)
(＝if not, hold me false and unable to appear before people forever)
(もしできなかったら，人様の前に二度と顔向けできぬいかさまをやったのだと思ってください)

(41) And thus hath Crist **unwemmed kept Custance**.
(MLT 924)
(＝and thus Christ has kept Custance unfaithful)
(このようにしてキリストはクスタンスを守り，汚さなかったのである)

(42) But Venus hadde **hym maked invysible**— (*LGW* 1021)
(＝but Venus had made him invisible)

(ヴィーナスが彼の姿を人の目には見えないようにしてしまった)

以上の例を「動詞 + 目的語 + 補語」の構造で示せば，(40) では holdeth me unable であり，(41) では kept Custance unwemmed であり，(42) では maked hym invysibile という構造である。したがって，このような場合は否定接辞付加語が義務的となる。

2.2.8. Head of Noun Phrase (名詞句の主要語)

本来あるべき名詞が省略されて，その結果形容詞が主要語の機能を持つときは否定接辞付加語が要求される。

(43) '**Unhardy** is unseely,' thus men sayth." (RvT 4210)
(= 'The cowardly is unfortunate,' so men say)
(臆病であるということは不幸なことだ，と言われている)

(44) thou mayst seen that is doon in this world **unhopid** or **unwened**, (*Bo* 4pr6.235)
(期待も予測もされないことがこの世で行われていることを汝は知るであろう)

(43) では unhardy (= timid (臆病な)) が臨時に名詞的に使われており，(44) では unhopid (= unexpected (期待されない)) と unwened (= unexpected (予測されない)) が名詞的に用いられている。このような場合も否定接辞付加語が義務的となる。

2.2.9. Repetition (反復表現)

否定の意味をより強調するために否定接辞付加語が繰り返し用いられることがある。これは文体的工夫の一つでもある。

(45) "O stormy peple! **Unsad** and evere **untrewe**!
Ay **undiscreet** and chaungynge as a fane! (ClT 995-96)
(= "O stormy people! Fickle, never true, and all the time as changeable as is a weather vane!)

(おお感情の起伏の多い人たちよ，無節操でいつも不実だ。いつも眼識力を持たないし，風見のように変わりやすい)

(46) And she wol quyte it that thow shalt nat fele;
Unknowe, **unkist**, and lost that is **unsought**.

(*Tr* 1.808-809)

(= and she will require it so that you shall not feel; when you don't know you can't get any kiss and when you don't seek you can't get anything)

(彼女が要求するばかりでその結果あなたが心に感じないものばかりです。知らなければキスは得られず，求めなければ得るものもありません)

(47) although renome, ... were thought to the regard of eternyte, that is **unstaunchable** and **infynyt**, (*Bo* 2pr7.113)

(= although renown were thought to be in comparison with eternity that is unexhaustible and infinite)

(名声は尽きることのない無限の永遠と比較しうるように思われるが)

(48) She seyde, "Lord, **undigne** and **unworthy**
Am I to thilke honour that ye me beede, (CIT 359-60)

(= she said, "Lord, I am unsuitable and unworthy of this honor that you bestow on me)

(彼女は答えた。お殿様，私はあなたが私に与えてくださる名誉を受けるに値する者でも見合う者でもございません)

(45), (46), (47), (48) では，否定の意味を聞き手（読み手）により印象付ける効果を出すために，un-/in- 派生語が繰り返し用いられている。

次の例も否定接辞付加語が反復されている場合でるが，上記の例とは異なる文体的効果が考えられる。

(49) Thow oon, and two, and thre, eterne on lyve,

That regnest ay in thre, and two, and oon,
Uncircumscript, and al maist circumscrive,
Us from visible and **invisible** foon
Defende, and to thy mercy, everichon,　　　(*Tr* 5.1863-66)
(=May you, one and two and three, eternally living, who reign all the time in three and two and one, boundless, andbound everything, defend us from visible and invisible foe in your mercy)

(自ら制限されることなく、すべてを限られ、三と二と一のうちに常に統べたまえる永生のあなた、一と二と三よ、目に見える敵からも目に見えない敵からも、私たちを守りたまえ)

ここでは二つの否定接辞付加語 uncircumscript と invisible が連続して使われているが、いっぽうで、uncricumscript は動詞の circumscrive (=bound) と、invisible は形容詞の visible と対比されている。この意味で否定接辞付加語が文体的効果を生み出すために使われているといえる。

2.2.10. Passive Construction (受動構文)

受動構文の補語的要素では否定接辞付加語が義務的に要求される。

(50) yif the thinges that I have concluded a litel herebyforn **ben kept** hoole and **unaraced**, thou schalt wel knowe by the auctorite of God, ... that certes the gode folk ben alwey myghty　　　(*Bo* 4pr1.48)
(=if the things that I have concluded a little before are kept whole and untorn, you shall well know by the authority of God ... that good folk are always mighty)
(もしも少し前に結論したことが破棄されずにそのまま保持されているならば、そなたは神の力より善人は常に力強いことを知るだ

ろう）

(51) "And if that I **be founde** to hyre **untrewe**, 　　(*PF* 428)
    (＝and if I were found unfaithful to her)
    （もし私が不実であるとわかったら）

(52) thilke thyng … **be kept** … by the grace of God **un-wemmed** and **undefouled**,　　　　　　　　(*Bo* 2pr4.22)
    (＝the thing is kept by the grace of God spotless and undefiled)
    （神の恩寵により，それは傷つけられずよごされずにまだ残っています）

(53) alle thing that **is cleped inparfyt is proevid inparfit**
    　　　　　　　　　　　　　　　　　　　　(*Bo* 3pr10.17)
    (＝all thing that is called imperfect is proved imperfect)
    （不完全と呼ばれてものはすべて不完全と認められる）

(50) では unaraced（＝untorn, not torn up）が ben kept の補語として，(51) では untrewe（＝unfaithful）が be founde の補語として，(52) では unwemmed（＝spotless）と undefouled（＝undefiled）が be kept の補語として，(53) では inparfit（＝imperfect）が is cleped の補語としての働きをしている。

2.2.11. Adverbial Use（副詞的用法）

きわめてまれに否定接辞付加語が副詞的に機能する場合がある。

(54) And of hir owene vertu, **unconstreyned**,
    She hath ful ofte tyme syk hire feyned,　　(PhyT 61-62)
    (＝and in her virtue, of her accord, she had often feigned sickness)
    （彼女の生まれつきの徳から彼女は，自発的に，しばしば病気のふりをすることがあった）

この例での unconstreyned は「自発的に」の意味であり，副詞的な働きをしている。OED によると，unconstrainedly (= in an unconstrained manner) という副詞が 1561 年に用いられているが，中英語期にはまだ用いられていない。したがって，派生形容詞である unconstreyned が副詞として使われたと解釈できる。

2.2.12. Lexical Gap (語彙的欠如)

すでに現代英語の場合に言及したが，easy に対応する否定接辞付加語は uneasy ではない。現代英語の uneasy の意味は「〈体・心が〉楽ではない，くつろげない」であり，「容易ではない」という意味を持たないから。したがって，easy の否定を表す対語的表現は not easy しかない。しかし，ここの Lexical Gap とは否定接辞付加語に対応する単純形容詞そのものが英語の語彙から欠落している場合を意味している。

(55) Was nevere man or womman yet bigete
That was **unapt** to suffren loves hete,　　　(Tr 1.977-78)
(= any man or woman was never born, that was not disposed to experience love's heat)
(男であろうと女であろうと，愛の熱を経験してみたい気にならない者はこの世にいない)

(56) ther was establissed or cryed grevous and **unplitable** co-empcioun,　　　(Bo 1pr4.86)
(= the serious and unreasonable monopoly was established and proclaimed)
(厳しいそして法外な価格が設定され公布された)

(57) but thilke ordre, procedinge by an **uneschuable** byndinge togidre,　　　(Bo 5pr1.93)
(= but the order proceeding by unevitable binding together)

(不可避的に結びつけながら進行していく秩序)

(58) Right so fortune, that semeth as it fletith with slakid or **ungoverned** bridles, (*Bo* 5m1.19)
(＝Rightly fortune, which seems as if it floats with loosened or ungoverned bridles)
(まさに運命は手綱が緩み支配されぬまま漂っているいるかに見える)

(55) における unapt に対応する語は apt (＝ready) である。OED によれば，対語の apt の初例は c1398 でるが，チョーサーでは用いられていない。したがって，「not/never などの否定語＋apt」という統語構造はとれないので，unapt が使われている。(56) の unplitable に対応する対語 *plitable は英語の語彙に存在しないので，否定接辞付加語の unplitable の選択肢しかない。(57) の uneschuable に対応する対語 *eschuable は英語の語彙に見られないので，否定接辞付加語 uneschuable を使うしかない。OED では，(58) における ungoverned の対語で形容詞化した過去分詞の governed の初例は 1686 年となっている。したがって，中英語では「not/never などの否定語＋形容詞化した過去分詞 governed」という統語構造は選択できない。

2.3.「否定語＋単純形容詞」の場合

チョーサーの英語では，「否定語＋単純形容詞」が義務的なるのは，厳密に言えば，Lexical Gap の場合にのみ観察される。

2.3.1. Lexical Gap (語彙的欠如)

現代英語の語彙の場合，*ungood や *unnice などの否定接辞付加語は存在しない。したがって，not good や not nice が義務的となる。同じような現象が中英語にも見られる。

(59) 'It is **nat good** to been a man alloone; (Mel 1104)

(＝it is not good for man to be alone)
  (人がひとりでいるのは良くない)

(60) His thewes goode, and that he is **nat nyce**;　　(*Tr* 2.723)
  (＝his personal qualities is good and he is not foolish)
  (彼の人格は立派であり，彼がバカなことをしないことも知っている)

(61) She was not nyce **ne outrageous**,　　(*RomA* 1257)
  (＝she was neither foolish nor malicious)
  (彼女は無思慮でも邪悪でもなかった)

(62) It was **not wele** [he dwelte] so,　　(*BD* 82)
  (＝it was not good that he remained)
  (彼が留まっているのはよくないことであった)

(60) の nyce は現代英語の nice のようなよい意味ではなく 'foolish'（愚かな）の意味である。この意味であっても OED には unnice という語は記載されていない。(61) における outrageous に対応する否定接辞付加語 unoutrageous は英語の語彙には存在しない。(62) の wele (＝good) に対応する否定接辞付加語 unwell の初例は次の (63) の例にあるように，1450 年頃であり，チョーサーでは「not/never などの否定語＋ well」の統語構造しかない。

(63) A man was seke and **vnwele**.　　(*St. Culth*. 3649)
  (＝a man was sick and was not in good health)
  (一人の男は病気にかかっているようで身体が悪かった)（MED からの引用）

2.3.2. Correlative Construction（相関構文）

  nat / ne … nor … (＝neither … nor …) などの相関構造に単純形容詞が使われている場合である。次の例は，中英語期にはその単純形容詞がまだ使われていないか，英語の語彙に存在しないことを示している。

(64) This wyf was nat **afered** nor **affrayed**, (ShipT 400)
   (＝this wife was neither fretful nor afraid)
   (この妻は怒りもせず狼狽することもなかった)
(65) Ne me nys nothyng **leef** nor **looth**. (*BD* 8)
   (＝nothing is pleasing nor hateful to me)
   (快，不快の気持ちも起こりません)
(66) For nother to **cold** nor **hoot** yt nas, (*BD* 342)
   (＝for it was neither cold nor hot)
   (暑くも寒くもなかった)

これらの例にも（59）から（62）で述べたことが言える。（64）の afered に対応する否定接辞付加語 *unafered（＝not fretful）は英語には存在せず，affrayed の否定接辞付加語 unafraid（＝not afraid）が現れるのは 1423 年以降なので，ここでは「否定語＋単純形容詞」しか選択できない。（65）では leef と looth に対応する否定接辞付加語 *unleef および *unlooth は存在しない。（66）の場合も *uncold および *unhot は英語の語彙にない。

次の例は，否定の相関構文と so ... as ... のような相関構文が共起して，「否定語＋単純形容詞」が見られる場合である。

(67) That Troilus wel understod that she
   Nas **nought** so **kynde** as that hire oughte be.
   (*Tr* 5.1642-43)
   (＝Troilus well understood that she was not so kind as she ought to be)
   (トロイルスは彼女が根は優しくなかったことをよく理解していた)

2.3.2. Object Complement Construction（目的格補語構文）

本来は否定接辞付加語が用いられるところに「否定語＋単純形容詞」が使われている。

(68) foreyne gentilesse ne maketh the **nat gentil**　　(*Bo* 3pr6.46)
　　(= outer gentlenesse doesn't make you gentle)
　　(借り物の貴族の身分によっては貴族たりえない)

チョーサー以外の作家を見てみると，次の例で明らかなように，目的格補語では否定接辞付加語が使われている。

(69) ... for he [Leonicus] wolde him [Justinian] lothe
　　 Unto the people and make **unable**.　(Gower *CA* 7.3274-75)
　　(= for he wanted him to make hateful to the people and make him unable)
　　(彼（レオンティウス）は国民に彼（ユスティニアヌス）を嫌わせ，彼（ユスティニアヌス）を無力にさせようと思ったからである)

2.3.3. Postmodifying Construction（後置構文）

　名詞を後方から修飾している場合は否定接辞付加語が要求されるのが普通であるが，以下の例では「否定語＋単純形容詞」の構造になっている。

(70) And this ilke ordre constreyneth the fortunes and the dedes of men by a bond of couses **nat able** to ben un-bownde;　　　　　　　　　　　　　　　　　(*Bo* 4pr6.155)
　　(= and this order constrains the fortunes and the deeds of men by a bond of causes not able to be untied)
　　(この秩序が諸原因を解きがたく結び合わせて人間の天運と行動とを制約しているのです)

この例では able の後ろに to ben unbownde という不定詞補文が続いているにもかかわらず，nat able が使われている。

　これまで否定接辞付加語が用いられる場合と「否定語＋単純形容詞」となる場合を考察してきた。その結果，否定接辞付加語が好まれるのにはいくつかの条件があることが明らかになった。特に，韻

文においては押韻の必要から修飾する名詞の後ろに否定接辞付加語が用いられることが多いと言える。一方,「否定語＋単純形容詞」の例では, Lexical Gap の場合を除いて, 否定接辞付加語が選択されるのか否定語を用いた構文が使われるのか断定できない例も見られる。

現代英語では否定接辞付加語と「否定語＋単純形容詞」では意味が異なることがある。この事実について久野・高見 (2007: 42-43) は以下の例をあげて次のように説明している。

(71)　John is **not happy**.（ジョンは幸せではない）
(72)　John is **unhappy**.（ジョンは不幸だ）

その違いとは,（71）は（71a）のように言えるという点である。

(71) a.　John is not happy, but he is not unhappy.
　　　　（ジョンは幸せではないが, しかし不幸でもない）

しかし, 次のような文は不可になる。

(73) *This room is not available for the party, but it is not unavailable, either.
　　（この部屋はそのパーティーに利用できないが, しかし利用できないわけでもない）

つまり, available という形容詞は「利用できる」か「利用できない」かのどちらかの意味しかもたない。ところが happy には very happy（大変幸せな）, sort of happy（まあまあ幸せな）というような程度の差を意味することができる。したがって,（71a）が非文とはならないのである。このような違いは中英語の場合にも可能であろうか。

(74)　O fieble moone, **unhappy** been thy paas!　　　(MLT 306)
　　（= O frail moon, your movement is unfortunate）

(おお，か弱い月よ，汝の運行は不幸である)

(75) they be **nat happy** nother fortunate unto the werrys;

(Malory *Wks*. 270/35)

(= they are neither lucky nor fortunate to the wars)

(戦いに際しても運に見放され，惨めな状態になるでしょう)

(74) の unhappy も (75) の nat happy もともに 'unfortunate, unlucky' の意味を表しており，(71) と (72) のような意味の相違はないようである。もっと多くの例で検証しなければならないが，現代英語におけるような差異があるかどうかは，この例からは判断できない。

第 6 章

形容詞派生接尾辞の形態的制約と意味
―チョーサーの場合―

1. はじめに

チョーサーにおける形容詞派生接尾辞には -able, -al, -ant / -ent, -ary, -ed, -ful, -ic, -ing, -ish, -if / -ive, -less, -ly, -ous, -som がある。これらの接尾辞のうち, -ed, -ful, -ing, -ish, -less, -ly, -som はゲルマン語系, つまり古英語期からみられる接尾辞であり, -able, -al, -ant / -ent, -ary, -ic, -if / -ive, -ous はラテン語系である。また, -al, -ant / -ent, -ary, -ic, -ish, -if / -ive, -ous はクラスⅠに属する接尾辞であり, -ed, -ful, -ing, -less, -ly, -som はクラスⅡに属する接尾辞である。

形容詞派生接尾辞のこのような違いは付加する基体の形態的・語源的素性にも影響している。そこで, 本章ではこれらの接尾辞による形容詞派生にいかなる制約があるのか, また派生された形容詞の意味の類似性はあるのか, さらにこれらの接尾辞は脚韻の位置に好んで用いられるかを考察する。[1]

その前に, これらの接尾辞のタイプ頻度とトークン頻度を以下に示す。[2]

	タイプ頻度	トークン頻度
-able	70	380
-al	63	462
-ary	3	10
-ed	31	75
-ful	41	477
-ic	6	10
-ing	80	160

---

[1] 本章は米倉 (2004: 345-438) に修正・加筆したものである。なお, Görlach (1990: 85) はチョーサーの語形成に関して残された課題の一つとしてこれらの派生接尾辞の用法上の相違点の考察をあげている。

[2] 米倉 (2004: 434) を参照。

-ish	25	42
-ive	19	46
-less	39	76
-ly	49	380
-ous	75	564
-som	4	10

表2

この表から明らかなように，タイプ頻度からみて最も多く使われているのは -ing であり，次いで -ous, -able, -al, -ly, -ed の順に多く見られる。一方，-ary, -som, -ic は散見されるのみである。頻度数の最も高い -ing はゲルマン語系である。この接尾辞以外で頻度の高い接尾辞は，-ly と -ed を除いて，すべてラテン語系の接辞である。トークン頻度から見て，最も多く使われているのは -ous, -ful, -al, -able, -ly の順である。他方，頻度数が最も低いのは -ary, -ic, -som の三つの接尾辞である。頻度数が高い接尾辞 -ful と -ly はゲルマン語系であり，-able, -ous, -al はラテン語系である。このように，トークン頻度から見ると，ゲルマン語系，ラテン語系のどちらの接尾辞も頻繁に使われており，語源的観点からは大きな相違はないようである。

2. 形容詞派生接尾辞の形態的・意味的相違と類似性

2.1. 接尾辞 -able

この接尾辞は古フランス語およびラテン語の -abilis に由来する接辞であり，動詞および名詞に付加して形容詞を派生するが動詞と結びつく語が圧倒的に多い。また，まれに語よりも小さな言語的単位にも付加する。

(1) "That the world with stable feyth varieth **accordable** chaungynges;   (*Bo* 2m8.1-2)

(＝the world alternates harmonious changes with stable faith)

（天地は変わらぬ誠実さをもって調和のとれた変化をもたらす）

(2)　A blisful lyf, a **paisible** and a swete,
Ledden the peples in the former age.　　　(*FormAge* 1-2)
(＝The people in the first age led a blissful, peaceful, and sweet life)

（原始の時代の人々は幸せで，平和で甘美な生活を送っていた）

OED と MED の記述から明らかなように，(2) の accordable (＝harmonious（調和のとれた））は，OF accordable からの借用であるが，「accord (v.) + -able」と分析できる。また，(2) の paisible (＝peaceful（平和な））も OF paisible 由来の形容詞である。したがって，「pais (＝pease) (n.) + -able」と分析可能な派生語である。動詞 accord の初例は1123年であり，名詞 peace の初例は1297年であることからも，それぞれ「accord (v.) + -able」，「peace (n.) + -able」という形態構造になっていると考えられる。次の (3) の amyable では接尾辞 -able が語より小さな単位と結合している。

(3)　And sikerly she was of greet desport,
And ful plesaunt, and **amyable** of port,　　(GP 137-38)
(＝And certainly she was dignified in manner, and full pleasant and amiable in bearing)

（確かに彼女は大変魅力があり，気持のよい，しかも愛想のよい物腰だった）

この派生語 amyable (＝favorable（愛想のよい））は OF amiable (amare (＝to love) + -able) からの借用語であるが，基体となる単純語は英語には存在しない。したがって，この派生語は語より小さな言語的単位と結びついているか，あるいは古フランス語からの直接借用とみられる。次の (4) の horrible も直接借用と考えられる

が，(3) の場合とは少し事情が異なる。

(4) In derknesse and **horrible** and strong prisoun
Thise seven yeer hath seten Palamoun (KnT 1451-52)
(= In darkness and a horrible and strong prison Palamon has remained these seven years)
(パラモンは暗く恐ろしく堅牢な牢獄の中でこの7年間暮らした)

OED によれば，動詞 horre の初例は c1430 であり，MED では動詞 horren の初例は c1440 となっている。ところが，派生形容詞 horrible の初例は c1330（?a1300）である。つまり，horrible は動詞形より早く英語に現れている。ということは，horrible は OF (h)orrible からの直接借用であり，これに対応する動詞 horre/horren が生じたのは後に -able 派生形容詞 horrible を「horre + -able」と分析した結果であろう。

このようにフランス語から英語への流入が最も盛んであった後期中英語における -able 派生語は直接借用なのか，「動詞／名詞 + -able」なのか分析が難しい場合が多い。一般的には，まず借用語が「基体+接尾辞」という複合形態で取入れられ，分析の型が明確に意識されたのち，初めて本来語の基体に接尾辞が添加される（中尾 (1972: 410) 参照）。この基準を適用すると，-able をはじめ他のフランス語起源の接尾辞の多くは複合形態なのか「基体+接尾辞」と分析できるか判別できないことが多い。[3] ただし，Marchand (1969: 230) によれば，14 世紀以降，「本来語の基体+ -able」が用いられているという。

(5) þe wis herte & **vnderstondable** shal abstenen hymself fro synnes ((a1382) *WBible* (1) (Bod 959) Ecclesiasticus 3.32)

---

[3] 中英語の派生語ではラテン語系の接尾辞により派生した語が直接借用なのか「基体+接尾辞」なのか分析が難しい場合がかなりある（Lloyd (2011) を参照）。

(= the wise and understandable men shall keep away from sins)

(賢明で物事の理解できる人たちは罪から逃れることができよう)

確かにこの vnderstondable ('capable of understanding'（理解できる能力のある）) は OE understandan/understondan (v.) + -able からなる派生形容詞である。しかし，チョーサーに関して言えば，-able 派生語のなかで「本来語の基体 + -able」という形態はない。

先に示したように，チョーサーではタイプ頻度で 70 の派生形容詞が使われているが，このうちの 41 例がチョーサーによって初めて英語に導入されている。また，この -able 派生形容詞が韻文，散文どちらに多いかであるが，35 例対 35 例で差はない。また，脚韻の位置には -able 派生形容詞が多く見られるが，次の例のように，その対としてはほとんど -able 派生形容詞が対応している。

(6) There have I taught hem to be **charitable**,
    And spende hir good ther it is **resonable**; (SumT 1795-96)
    (= There I have taught them to be charitable, and to spend their goods where it is reasonable)
    (私はそこで彼らに慈愛を施すように教えました。そして理に適うところに財産を使うように教えました)

Dalton-Puffer (1996: 184) によれば，上記の charitable や resonable のように，基体が名詞である場合は，ほとんど 'have N' の意味である。

Marchand (1969: 230) によれば，動詞が基体となるとき，接尾辞 -able の基本的な意味は能動的な場合 ('fit for doing'（〜にするのに適した）) と受動的な場合 ('fit for being done'（〜にされるのに適した）) がある。Dalton-Puffer (1996: 184) が 'apt to V' 'apt to be Ved, can be Ved' と述べている意味に相当する。

(7) Than bad he hym, syn erthe was so lyte,

第6章　形容詞派生接尾辞の形態的制約と意味　　117

> And **dissevable** and ful of harde grace,
> That he ne shulde hym in the world delyte.　　(*PF* 64-6)
> (= Then he [Affrican] advized him [Scipion], since the earth was small and deceptive and full of hard grace, he [Scipion] should not delight himself in the world)
> (それから彼（アフリカヌス）は彼（スキピオ）に忠告した。地球は小さく，苦しみと不運に満ちているから，この世で喜びにひたるべきではないと)

(8)　… oure preyeres —
　　…..
　　Been to the hye God moore **acceptable**　　(SumT 1911-13)
　　(= May our prayers be acceped to high God)
　　(我々の祈りが高きに坐す神に受け入れられるように)

(7) の dissevable は 'deceptive'（〈人を〉だます，迷わす）の意味であり能動的である。一方，(8) の acceptable は 'accepted'（受け入れられる）の意味を表しており，受動的と言える。

2.2.　接尾辞 -al

　この接尾辞はラテン語の -alis を英語化したものであり，クラスⅠに属する接辞である。付加される基体はすべてラテン語系の名詞あるいは語幹 (stem) であり，接尾辞 -al は 'of the character of, nature of, like, belonging to'（〜の特徴のある，〜の性質の，〜のような，〜に属する）の意味を表している (Marchand (1969: 238) および Dalton-Puffer (1996: 186) を参照)。

(9)　Oure termes been so **clergial** and so queynte.　　(CYT 752)
　　(= The terms we use are so scloraly and complex)
　　(専門語はえらく学問的でややこしい)
(10)　He kepte his pacient a ful greet deel

In houres by his magyk **natureel**. (GP 415-16)
(=He kept his patient under favourable astoronominal hours to a great extent by his natural magic)
(彼は自然魔術の知識を使って正しい天文時刻を選んで患者を注意深く診察した)

(9) の clergial は 'pertaining or related to learning'（学問に関係のある）の意味であり，(10) の natureel は 'pertaining or related to nature'（自然に関係のある）の意味である。

次の2例は語より小さな言語的単位である語幹に接尾辞 -al が付加されている。

(11) That fallyng of the thynges temporel
 Is cause of Goddes prescience **eternel**. (*Tr* 4.1061-62)
 (=falling of temporal things is the cause of God's eternal prescience)
 (一時的な事柄の生起は永遠の神の予見の原因である)

(12) This is the **final** ende of al this thyng; (*LGW* 2101)
 (=This is the final end of this thing)
 (このことをこのたびの決着といたしたい)

(11) の eternel は 'pertaining or related to eternity'（永遠と関係のある）の意味であり，(12) の final は 'pertaining or related to finality'（最終と関連する）の意味である。この eternel と final はチョーサーによって初めて英語に流入した派生語であるが，それぞれ古フランス語の eternal と final がそのまま英語で用いられたものと考えられる。したがって，「語幹＋接尾辞 -al」という認識はなかったのではないか。

接尾辞 -al はクラスⅠの接辞に属するので，この -al 派生形容詞にさらにクラスⅡの接辞を付加することは本来許されない。ところが次の1語だけはクラスⅡの接頭辞 un- が付加されている。

(13) I trowe nat nowe that I be **unparygal** to the strokes of Fortune (*Bo* 3pr1.11)
(＝I don't think now that I am unequal to the stroke of Fortune)
（私はもう運命の女神の打撃に耐えられないとは思いません）

この派生形容詞 unparygal はチョーサー初例であり，OF paregal から直接借用された形容詞 paregal（初例は a1325）にクラス II の接頭辞 un- が付加されている。この語は，ここに引用した *Boece* にしか見られない。このような不規則な派生は次の理由によると考えられる。

Bo 3pr1.11: I trowe nat nowe that I be **unparygal** to the strokes of Fortune
Latin: iam me post haec **inparem** fortunae ictibus esse non arbitrer
Old French: je … ne me cuit pas **despareil** a ses coups.

つまり，派生形容詞 unparygal は Latin の inparem（in- は否定の接頭辞）と Old French の despareil（des- は否定の接頭辞）からの直訳である。

また，この -al 派生形容詞は韻文に 145 例見られるが，そのうちの 50 例が脚韻の位置に現れている（(10) の natureel と (11) の eternel を参照）。

2.3. 接尾辞 -ary

この接尾辞はラテン語の arius に由来するが中英語ではほとんど用いられていない。チョーサーではわずかに 3 例である。

(14) And unto Rome made hem **tributarie**; (MkT 2676)
(＝and [he] made them tributary)
（彼はそれらをローマの属領にした）

(15) the yiftes of Fortune ne were noght brutel ne **transitorie**,

(*Bo* 2pr5.5)

(= the gifts of Fortuen were uncertain and transitory)

(運命の贈り物がもろくもはかないとしても)

(16) this ilke infinit moevyng of temporel thinges folweth this **presentarie** estat of the lif inmoevable;　(*Bo* 5pr6.69)

(= this infinite moving of temporal things follows this present estate of the immovable life)

(この時間的事物の無限の運動は，不動の生命の現在的状態を模倣したものです)

これらの3例ともチョーサーが最初に用いた語である。(14) の tributarie は「tribute (n.) + -ary」，(15) の transitorie は「transit (v.) + -ary」，(16) の presentarie は「present (a.) + -ary」という形態構造になっている。なお，Marchand (1969: 254) と Nakao (1978: 79) では -ary は形容詞を派生する接尾辞とされているが，Fisiak (1965: 63-72) と Dalton-Puffer (1996: 163) は接尾辞として扱っていない。

中英語では -ary 派生形容詞の例がほとんどないので，確かめられないが，Marchand (1969: 254) は -ary 派生形容詞は意味上 -al 派生形容詞の相対語 (counterpart) だと述べている。つまり，-al 派生語は「～に関連した」('pertaining to, connected with') の意味であるが，-ary 派生語は傾向あるいは目的の意味を有する。たとえば，fractional は 'of nature of a fraction'（本質的に少量の）意味だから「とるにたらない」となり，fractionary は 'tending to divide into fractions'（少量に分ける傾向の）の意味なので，「分割する，バラバラにする」となる。

2.4. 接尾辞 -ed

-ed 形には屈折接辞と派生接辞の両方が存在する。語形成で問題

第 6 章　形容詞派生接尾辞の形態的制約と意味　　121

にするのは派生接尾辞としての -ed である。後に述べるように，接尾辞 -ed の大半は名詞に付加して形容詞を派生する。しかし，OED がいくつかの例について動詞を基体としている場合があるので，屈折接尾辞と派生接尾辞としての -ed は次のように区別されることを述べておく。

(17) 'Yif me a plante of thilke **blissed** tree,　　　　(WBT 763)
(＝Give me a cutting branch from that blessed tree)
(そのめでたい木の枝をおれに一本くれないか)

(18) Therwith he caste on Pandarus his yë,
With **chaunged** face, and pitous to biholde;　(*Tr* 5.554-55)
(＝therewith he cast his eye on Pandaras with a changed face and piteous to behold)
(そう言って彼はパンダラスに視線を投げたが，変わり果てた見るも痛ましい顔つきだった)

(17) の blissed と (18) の chaunged はそれぞれ名詞を修飾しているので派生形容詞であることは明らかである。一方，次の二つの例は動詞の過去分詞である。

(19) And whan the bed was with the preest **yblessed**,
　　　　　　　　　　　　　　　　　　　　　(MerT 1819)
(＝And when the bed was blessed by the priest)
(ベッドが司祭に祝福された時)

(20) schal nat the devyne science ben **chaunged** by my disposicioun　　　　　　　　　　　　　　(*Bo* 5pr6.257)
(＝shall not the divine knowledge be changed by my frame of mind?)
(私の意向次第で神の知見は変更されることになりはしないか)

(19) の yblessed は動作主を表す語句 with the preest を，(20) の chaunged も動作主を示す語句 by my disposicioun を伴っている

受動構文である。

Marchand (1969: 264) によれば、接尾辞 -ed は古英語から現代英語を通して非常に生産性 (productivity) の高い接辞であるとされているが、Dalton-Puffer (1996: 165) は中英語においてはそれほど頻度が高くないと述べている。現に、チョーサーでも生産的な接尾辞ではない。この接尾辞 -ed は古英語期から主に具体名詞に付加して形容詞を派生している。

(21)　… þæt　ðæt sweord gedeaf
　　　… so that the sword sank in
　　　fah　　ond **fæted**,
　　　shining and gold-plated　　　(*Beowulf* 2700b-2701a)
　　　(=so that the sword sank in, shining and gold-plated (sword))
　　　(すると、その剣は突き刺さった、輝く飾りある (剣は))

(21)　þenden　 reafode　rinc　oðerne,
　　　meanwhile plundered warrior other
　　　…..
　　　heard swyrd **hilted**,
　　　hard sword having a hilt　　　(*Beowulf* 2985-2987a)
　　　(=meanwhile the warrior plundered the hard sword having a hilt)
　　　(その間に武士がもう一人から柄付の丈夫な剣を略奪した)

(20) の fæted は具体名詞 fæt (= (gold) plate or decoration) に -ed が付加された形容詞であり、'gold-plated'(金めっきをされた)の意味である。(21) の hilted は具体名詞 hilt に -ed が付加された形容詞であり、'having a hilt'(柄を持っている、柄の付いた)の意味を表している。

チョーサーでも -ed は具体名詞と結合して形容詞を派生している。

第 6 章　形容詞派生接尾辞の形態的制約と意味　　123

(22)　A Marchant was ther with a **forked** berd,　　　(GP 270)
　　　(＝there was a merchant with a forked beard)
　　　(ひげを二股に分けた豪商がいた)

(23)　Somme with the balled, somme with the thikke **herd**;
　　　　　　　　　　　　　　　　　　　　　　　　　(KnT 2518)
　　　(＝some with the bald, some with the thickly haired [man])
　　　(丸坊主の男をひいきにする者，濃い髪の毛の男に肩入れする者がいた)

(22) の forked は「fork (n.) + -ed」からなり，「二股に分かれた」という意味を表し，(23) の herd は「hair (n.) + -ed」の構造であり，「髪の毛のある」という意味を表している。

すでに述べたように，-ed が付加する基体は名詞であるが，OED が名詞または動詞としている例が見られる。

(24)　And by hir girdel heeng a purs of lether,
　　　Tasseled with silk and **perled** with latoun.　(MilT 3250-51)
　　　(＝upon her belt was hung a purse of leather, silk-tasseled and with brassy spangles pearled)
　　　(ベルトには，絹で飾り付け，ラッテンの飾りボタンを散りばめた皮の財布を吊り下げていた)

(25)　Were it as thikke as is a **branched** ook;　　　(SqT 159)
　　　(＝it was as thick as an oak provided with branches)
　　　(それは枝を張ったオーク樫木のように分厚いものでした)

(24) の perled は 'adorned with beads or pearls' の意味であり，(25) の branched は 'provided with branches' の意味である。この書き換えでも明らかなように，それぞれの基体は名詞と考えられるが，OED では「n. & v.」となっている。

次の例は OED で「Verb + -ed」，MED で「Noun + -ed」となっ

ている場合である。

(26) And **benched** newe, and sonded alle the weyes,

(*Tr* 2.822)

(= provided new benches and sanded all the ways)
(新たにベンチが備え付けられ道には砂利がひかれていた)

(27) But they were shaven wel and dight,
Nokked and fethered right, (*RomA* 941-42)
(= but they were shaven well and dighted and notched and with feathers)
(だがそれらはすべすべに削って磨きをかけて,切込みも入れ矢羽根を付けていた)

MED にあるように, (26) の benched は「bench (n.) [OE benc (n.)] + -ed」, (27) の nokked は「notch (n.) [OF oche (n.) + -ed」と分析すべきであろう。

これまであげた例で示したように, -ed の基本的な意味は 'having the character of N, provided with N' (N の特徴を持っている, N を備えた) である (Marchand (1969: 264) を参照)。また, -ed はゲルマン語系, ラテン語系のいずれとも結合している。-ed 派生形容詞は散文にも韻文にも使われているが, チョーサーではこの派生語が脚韻の位置に現れている例はない。ガワーなど同時代の作家の作品でも -ed 派生形容詞が脚韻の位置に使われている例がないことから, この接尾辞は押韻の要素としては好まれなかったと言えよう。

2.5. 接尾辞 -ful

この接尾辞はゲルマン語系の接辞であり, 中英語では名詞または動詞に付加して形容詞を派生する。しかし, 次の例のように, 古英語では名詞と結合する派生語しか見られない。

(28) gearo gyrnwræce　　　　　　Grendeles modor,
ready revenge for injury Grendel's mother
siðode **sorhfull**;
hurried full of sorrow　　　　　　(*Beowulf* 2118-2119a)
(=ready for revenge for injury Grendel's mother hyurried full of sorrow)
(危害への復讐を準備して，グレンデルの母親が，悲嘆にくれてやってきたのです)

接尾辞 -ful は，チョーサーにおいても (31) の foryetful を除いてすべて抽象名詞に付加して形容詞を派生している。

(29) With **dredeful** foot thanne stalketh Palamon.　(KnT 1479)
(=Palamon walked stealthily with fearful foot)
(パラモンはこわごわ抜き足差し足で忍び行った)

(30) He was to **synful** men nat despitous,　　　　(GP 516)
(=he was not merciless to sinful men)
(彼は罪を犯したひとたちに無慈悲ではなかった)

(31) Maketh yow nat **foryetful** for to be
That I yow took in povre estaat ful lowe,　(ClT 472-73)
(=Don't make you be forgetful that I took up you, who were in a poor and low position)
(身分の低いお前を私が引き上げてやったことをよもや忘れていまいな)

上記の例で明らかなように，接尾辞 -ful の意味は 'full of'（〜でいっぱいの），'tending to be'（〜の傾向のある，〜しがちな）である。

この -ful 派生形容詞は韻文では 350 例（トークン頻度）使われているが，脚韻の位置に現れている例は一つもない。

2.6. 接尾辞 -ic

ラテン語 -icus（たとえば，classicus）起源の接尾辞 -ic は現代英語では名詞に付加されているが，中英語では「基体＋接尾辞」と分析するのは難しい。以下に示すようにほとんどの場合，古フランス語あるいはラテン語からの直接借用だからである。

(32) The Reve was a sclendre **colerik** man. (GP 587)
 (＝the Reve was a slender and choleric man)
 （荘園管理人は痩せた胆汁質の怒りっぽい男だった）

(33) Engendred of humour **malencolik**
 Biforen, in his celle **fantastik**. (KnT 1375-76)
 (＝from melancholic humor that arises from that front brain cell where one fantasizes)
 （想像が宿る室，脳の前室の憂鬱液から生じた狂気を …）

(32) の colerik（＝choleric）は 1340 年に英語に流入している。この派生語は古フランス語 cholerique またはラテン語 cholericus からの直接借用と考えられる。というのは，名詞 choler の初例は 1384 年頃であるから 1340 年に英語に現れた colerik が「choler (n.) + -ic」と分析できる形で英語に導入されることはありえない。(33) の malencolik と fantastik については，名詞 melancholy が 1303 年に，名詞 fantasy が 1340 年頃英語に現れているので，それぞれ「melancholy (n.) + -ic」，「fantasy (n.) + -ic」と分析可能である。しかし，これらの名詞とは別に，ラテン語の melancholicus と fantasticus から直接借用されているとも考えられる。以上の例から明らかなように，接尾辞 -ic は 'in relation to, having the character of'（～に関する，～の性質の）という意味を表している。

2.7 接尾辞 -ing

この接尾辞は古英語の現在分詞の語尾である -ende と名詞派生語尾 -ing / -ung が音声的に融合して初期中英語で -ing となったも

のである。[4] 現代英語では現在分詞の屈折接辞 -ing と形容詞を作り出す派生接辞 -ing を異なる言語的単位として扱っている。その根拠は次のようなものである。[5]

(a) 屈折接辞とは異なりで very の修飾が可能である：
His views were **very surprising**.
(その光景は驚くべきものだった)

(b) 屈折接辞とは異なりクラス II 接辞付加を受ける：
surprisingness:　　surprise -ing
　　　　　　　　　　　　　　　　　II
　　　　　　　　　　　　　↓
　　　　　　　　　　surprising-ness
　　　　　　　　　　　　　　　II

un**feeling**:　　feel -ing
　　　　　　　　　　　II
　　　　　　　　↓
　　　　　　un-feeling
　　　　　　　　II

(c) 複合語の構成要素として用いられる：
heart-**breaking** (悲痛な思いをさせる)

それでは中英語における -ing は派生接辞と考えてよいのであろうか，それとも屈折接辞なのか。Fisiak (1965)，Marchand (1969)，Nakao (1978)，Dalton-Puffer (1996) は -ing について何も言及していない。つまり，-ing を形容詞を派生する接辞とはみなしていない。一方，Emonds (1973: 189) は -ing が中英語において動詞に付加されて形容詞を派生し，-ive, -al, -ary などの他の形容詞を

---

[4] 詳しくは宇賀治 (2000: 269-271) を参照。
[5] 桑原ほか (1985: 466) を参照。西川 (2006: 253-254) も -ing を形容詞を派生する接辞としている。

作り出す接尾辞と競合すると述べている。さらに，この形容詞を派生する -ing は歴史的には現在分詞の -ing に基づくものだと述べているが，これ以上の記述はない。Kerkhof (1982) は本来の形容詞と同様，名詞を修飾（名詞に前置されている場合も後置されている場合も含めて）している語を形容詞とみなし，この形容詞に付加している -ing を動詞的 -ing としている。しかし，Kerkhof (1982) は現在分詞としての屈折接辞 -ing との関連についての説明はしていない。Brinton and Traugott (2005: 115-117) も「現在分詞形容詞」(present participial adjective) という名称でこの派生形容詞を考察している。以下に Kerkhof (1982) があげているチョーサーからの例を示す。

(34) Swiche **glarynge** eyen hadde he as an hare.　　　(GP 684)
　　（＝he had such staring eyes like a hare's）
　　（目は野兎のようにぎょろりと飛び出していた）

(35) he were a greet fool that wolde kisse the mouth of a **brennynge** oven or of a fourneys.　　　(ParsT 856)
　　（＝he would be a great fool who wishes to kiss the mouth of a burning oven or of a furnance）
　　（火が燃える竈や暖炉の口にキスしたがる者がいたら大バカ者でしょう）

(36) Above hire heed hir dowves **flikerynge**.　　　(KnT 1962)
　　（＝above the head her doves fluttering）
　　（頭上には鳩たちが羽ばたいていた）

これらの3例のうち，(36) の flikerynge は動詞 were が省略されている構造で用いられているので，派生形容詞ではなく現在分詞であろう。

　結局，中英語期にはこの -ing 派生語が完全に形容詞化していないということから，一般的には -ing が形容詞を作り出す派生接尾辞とは断定できないということであろう。このような言語的背景か

ら，さらに統語的な検討をする必要があるが，本章では次の二つの点から -ing は中英語でも形容詞を派生する接辞であるとする。

(i) 屈折接辞と異なり，クラス II 接辞 un- の付加を受けられる：

unknowynge: [un- [know (v.) + -ing]_A]_A　　(*Bo* 4pr6.223)

(37) God, that al knoweth, dooth swiche thing, of whiche thing **unknowynge** folk ben astonyd.　　(*Bo* 4pr6.223)
(=God, that knows all, does such a thing, of which unknowing or ignorant people are astonished)
(すべてを知っている神は無知なる人たちが驚くようなことを実現されるのです)

(ii) 複合形容詞の構成要素として用いられる：[6]
wel-faring (=very handsom (大変ハンサムな))　(*BD* 452)

以上の 2 点に加えて，OED で ppl.a., MED で ppl.adj. と記載されている -ing 派生語を形容詞とみなすことにする。

(38) "It is nought good a **slepyng** hound to wake,　　(*Tr* 3.764)
(=it is not good to wake a sleeping hound)
(眠っている猟犬を起こすのは良くない)

(39) And eek when I sey 'ye,' ne sey nat 'nay,'
Neither by word ne **frownyng** contenance?　(*ClT* 355-56)
(=when I say 'yea,' you will not answer 'nay' by word or with a frowning countenance?)
(また，私が［そうだ］と言うと，口に出すか顔をしかめるかして，［いいえ］と言わないこともだ)

(38) の slepyng は「OE slepan (v.) + -ing」の形態構造であり，

---

[6] この種の複合形容詞については第 7 章で詳しく考察するので本章では取り上げない。

(39) の frownyng[7] は「OF froignier (= to frown) + -ing」という形態構造となっている。動詞 frown もこの派生形容詞もチョーサーが最初に英語に導入した語である。

-ing 派生形容詞は韻文で63例, 散文で97例（いずれもトークン頻度）見られるが, この散文の97例中72例は Boece で用いられている。これは, Jefferson (1965: 26) および Machan (1984: 38-40) が指摘しているように, チョーサーが自らの言語を創造するために本来語に -ing を付加したり, 古フランス語やラテン語からの翻訳借用 (calque or loan translation) をしたことによるものと考えられる。また, 韻文で使われている63例中, 19例が脚韻の位置に現れている。

(40) "That, that the world with feith which that is stable
　　 Diverseth so his stowndes **concordynge**,
　　 That elementz that ben so discordable
　　 Holden a bond perpetuely **durynge**,　　(Tr 3.1751-54)
　　 (= the World with stable faith diversifies his harmonious seasons, and elements which are inclined to discord holds a bond perpetually enduring)
　　 （世界は確たる信念を持ち, 調和を保ちつつ季節を変える, 調和したがらぬ地水火風の4要素は永遠の絆を保つ）

(41) And right so as thise philosophres write
　　 That hevene is swift and round and eek **brennynge**,
　　 Right so was faire Cecilie the white
　　 Ful swift and bisy evere in good werkynge,　(SNT 113-16)
　　 (= heaven is swift and round and also burning, Fair and white Cecilia was very swift and busy in good work)
　　 （天は速やかに円く回転し, また燃えているようだと, これら哲学

---

[7] 寺澤 (1997: 542) でも frowing（眉をひそめた）」は adj. と記載されている。

者たちが書いているように，白く美しきセシリアは良き働きには
いつもきびきびと活発に）

(40) の concordynge [concord (v.) (F concorder, L concordare)
+ -ing] は派生形容詞 durynge [dure (v.) (F durer, L durare) +
-ing] と押韻しており，(41) の brennynge [OE brinnan (v.) + -ing]
は -ing 派生名詞 werkynge [OE wyrcean (v.) + -ing] と押韻して
いる。

以上の例からも明らかなように，接尾辞 -ing は 'like 〜'（〜の
ような）あるいは 'tending to be'（〜の傾向のある，〜しがちな）とい
う意味を表している。

2.8. 接尾辞 -ish

接尾辞 -ish [OE -isk/-isc] は古英語では民族名を示す名詞に付加
して「〜に属する」という意味を表した（たとえば，Welisc, Eng-
lisc）。また，この接尾辞は次の例のように 'having the character of,
of the nature of'（〜の性質（特徴）を有する）を意味する場合もある。

(42) inne on ðam fæ[ste]nne sæton   feawa **cyrlisce** men
     inside the fortress   remained a few churlish men
                                    (*Saxon Chron.* (Lund) 892/11)
     (= inside the fortress a few churlish men remained)
     （その砦のなかに数人の田舎者が残っていた）

この例での cyrlisce は男性名詞 ceorl（田舎者，農夫）に -ish が付加
されて形容詞になったものである。中英語になると -ish 派生形容
詞が軽蔑的な意味 (a derogatory shade of meaning) を含むように
なる。このような意味はおそらく上記の古英語の cyrlisce から生
じたのであろう (Marchand (1969: 305) 参照)。

(43) Wol ye the **childissh** jalous contrefete?   (*Tr* 3.1168)
     (= will you imitate the childish and jealous man?)

（あなたは子供じみた嫉妬深い人の真似をなさるのですか）

(44) Hir lemman? Certes, this is a **knavyssh** speche!
　　　　　　　　　　　　　　　　　　　　　　　(MancT 205)
　　(= Her lover? Certainly this is a churlish word.)
　　（情夫？ 確かにこれは下品な言葉だ）

(45) And Lord, the **hevenyssh** melodye
　　 Of songes ful of armonye
　　 I herde …　　　　　　　　　　　　　　　　(HF 1395-97)
　　(= Lord, I heard the heavenly melody of songs full of harmony)
　　（私はハーモニーに満ちた天上のメロディーを耳にした）

(46) Hire ownded heer, that **sonnyssh** was of hewe,
　　 She rente, …　　　　　　　　　　　　　　(Tr 4.736-37)
　　(= She tore her wavy hair, which was of sunny colour)
　　（彼女は黄金色の波打つ髪をかきむした）

(43) の childissh および (44) の knavyssh は明らかに軽蔑的な意味を表しているが，(45) の hevenyssh と (46) の sonnyssh にはそのような意味合いは見られない。

以上の例は名詞に -ish が付加されている例であるが，次の例では形容詞に -ish が付加されている。

(47) She had, and armes, every lyth
　　 Fattyssh, flesshy, not gret therwith;　　(BD 953-54)
　　(= she had arms and every limb, fattish and not big)
　　（腕は長く，手足はすべてふくよかで，肉付きはよく，大きすぎることがなかった）

(48) And such a smoke gan out wende
　　 Out of his foule trumpes ende,
　　 Blak, bloo, **grenyssh**, swartish red,　　(HF 1645-47)
　　(= and such a smoke went out of his foul trmpet's end,

black, blue, greenish, swarthy red)
(そして醜いトランペットの端からこのような煙が出ていた，黒い，青い，緑がかった，黒味を帯びた赤い色だった)

以上の例をみると，接尾辞 -ish は基体の表す意味によって次のように分類できる。

マイナス評価：　childyssh, knavyssh
プラス評価：　　hevenyssh, sonnyssh, fattyssh
中立：　　　　 grenyssh

影山 (1999: 29) によれば，現代英語についてではあるが，このような三つの評価的意味が生じるのは，認知言語学がいうところの「プロトタイプに近い」ということが関係しているのであろうとしている。たとえば，child (子供) の意味表記は次のようになる：

子供：　生物
　　　　成人に達していない
　　　　未熟

基体である名詞 child (子供) のプロトタイプ (prototype) にある「未熟」という意味特徴から，「未熟である」→「未熟な状態にある」→「子供っぽい」というマイナス評価が生じることになる。他方，heaven (天), sun (太陽), fat (肉付きがよい) (ここでは「艶っぽい」に近い) には否定的な意味はないので，プラス評価となる。また，基体となる「緑，赤，白」などの色彩語にはこのような評価判断は含まれていないので，プラス評価やマイナス評価とは関係なく「中立」と言える。次の eyryssh (airish/aerial)[8] は 'of the air' (空の) という意味であり，色彩語と同様，価値判断は含意されていないので，「中立的」な意味を表している。

---

[8] 現代英語では airish は「気取った，生意気な」という意味である。

(49) These ben the **eyryssh** bestes, lo!" (*HF* 932)
   (=these are demons of air)
   (これらは空の生き物だ)

なお，チョーサーではこの -ish 派生語が脚韻の位置に現れている例はない。

2.9. 接尾辞 -ive

'having the character of, characterized by' (〜に特徴付けられた) の意味を持つ接尾辞 -ive は 14 世紀初めころ古フランス語の接尾辞 -if（女性形は -ive）の形で英語に導入された。したがって，初めは綴りも音価も [if] であったと考えられる。その後 -ive に変化したのはラテン語の影響によるものであろう。というのは，英語におけるこの派生語形成は元来はラテン語の分詞——たとえば，administrativus, affirmativus, nativus——に基づいて生じたものであるからである。[9]

チョーサーに見られる -ive 派生形容詞の基体が本来語である例は (50) の giltif [OE gylt (n.) + -if]（罪を犯した）のみであり，これ以外はすべて古フランス語から導入されたものである。

(50) Is this an honour to thi deyte,
   That folk ungiltif suffren hire injure,
   And who that **giltif** is, al quyt goth he? (*Tr* 3.1017–19)
   (=is this an honour to thy divinity, that unguilty persons suffer from guilty damage and he who is guilty is free from his guilt?)
   (このようなことが神性の誉なのでしょうか，罪のない人々が罪の損傷を受け，罪のある人は罪を免れるなんてことが)

(51) And ye shul seen, up peril of my lyf,

---
[9] Marchand (1969: 315) を参照。

By preeve which that is **demonstratif**,　　(SumT 2271-72)
(= and you shall see, as surely as I live, by way of proof that is demonstrative)
(私の命にかけて，きっと皆さんは，この論理的な証明によりお分かりでしょう)

(51) の demonstratif (= logical（論理的な）) の基体にあたる動詞 demonstrate の初例は 1552 年である。したがって，この -ive 派生形容詞は (O)F demonstratif あるいは L demonstrativus からの直接借用であろう。チョーサーにおけるほとんどの -ive 派生形容詞はこのような直接借用によるものである。また，(51) の例で明らかなように，-ive 派生形容詞は脚韻の位置でしばしば用いられている。

2.10. 接尾辞 -less

この接尾辞は古英語の形容詞 leas (= devoid of (～を持っていない，～が欠けている)) が起源であるが，中英語では独立語の資格を失い，現在の接尾辞 -less になったものである。したがって，古英語の leas を引き継いだ接尾辞 -less は 'without, devoid of' (～のない，～が欠けている) を表し，名詞に付加して形容詞を派生する。古フランス語起源の基体と結びつくようになるのは 1300 年以降である。

次の (52) と (53) の例に見られるように，この接尾辞 -less は肯定的な意味を持つ接尾辞 -ful と意味的に対をなす接尾辞である。

(52)　And, for to passen **harmles** of that place,
　　　She graunteth hym;　　　　　　　(*LGW* 2664-65)
　　　(傷つけられることなくその場所から逃れるために，彼女は彼に同意したのです)

(53)　And therto I saugh never yet a lesse
　　　Harmful than she was in doynge.　　(*BD* 994-95)

(それに行いにおいて，彼女ほど人を害することのない人を見たことがない)

この接尾辞が付加する基体の名詞の語源的素性はほとんどの場合本来語であるが，古フランス語起源の語もいくつか見られる。

(54) "Wo worth the faire gemme **vertulees**! [: routheles]
(*Tr* 2.344)
(= Misery! worth the fair gem lacking the power)
(霊験なき美しい宝石は悲しい！)

この例に見られる vertulees は「OF vertu (n.) + -les」という形態構造であり，'lacking the power that gems were believed to have' の意味である。

しかし，15世紀以降になると接尾辞 -ful が「～に満ちている」という原義を失う。その結果，-less 派生形容詞が -ful 派生形容詞と相補的関係を維持することはなくなった。

すでに述べたように，この接尾辞 -less の基体は名詞であるが，チョーサーには次のような例が一つある。

(55) To sorowe was she ful ententyf,
That woful **recheles** caytyf. (*RomA* 339-40)
(= that woeful and reckless captive was very attentive to sorrow)
(あの悲しき絶望の虜女は悲しみにしか関心がなかった)

この例に見られる recheles (絶望の) は「OE reccan (v.) + -les」の形態構造を持つと考えられる。OED によれば，recheles は OE recceleas (初例は c725) から引き継がれた語である。名詞 reck の初例は 1568 年であるから，recheles の基体 rech は，OED が示す通り，名詞ではなく動詞 (OE 形は reccan) ということになる。

なお，(54) の vertulees は routheles (= without compassion (憐

れみなき))と押韻している。チョーサーでは38例(タイプ頻度)の -less 派生形容詞のうち，24例が脚韻の位置に現れていることから，チョーサーはこの接尾辞を押韻のために好んで用いて，新しい語を創造したようである。[10]

2.11. 接尾辞 -ly

接尾辞 -ly は古英語 -lic (本来は 'body' を意味する名詞 lic) から発展した接辞である。13世紀初めころに -li または -ly となり，15世紀には一般化した。

この接尾辞は名詞または形容詞に付加されて，'appropriate to, befitting' (〜にふさわしい) あるいは 'having the character of, characteristic of, belonging to' (〜の特徴を有する，〜に属する) の意味を表す形容詞を派生する。

(56) The eldeste lady of hem alle spak,
　　 Whan she hadde swowned with a **deedly** cheere,

(KnT 912-13)

　　 (= the eldest lady of them spoke when she had fainted with a deathlike look)
　　 (一番年上の貴婦人が死人のごとく気を失った後，話だした)

(57) derknesse schal I assaie somwhat to maken thynne and wayk by lyghte and **meneliche** remedies;　　(*Bo* 1pr6.102)
　　 (= I shall attempt to make darkness fainter by light and moderate remedies)
　　 (私は穏やかで軽い薬を用いてその闇を薄明るくさせましょう)

形態的には，(56) の deedly (死人のような) は「OE dead (a.) + -ly」であり，(57) の meneliche (穏やかな) は「OF meen + -ly」である。-ly 派生形容詞の基体のほとんどは本来語であるが，(57) の

---

[10] Masui (1964: 99) を参照。

meneliche の基体は古フランス語起源である。

上記の2例は形容詞を基体としているが，チョーサーにおいては名詞を基体としている場合が極めて多い。

(58) But as my wyt koude best suffise,
　　　After my yonge **childly** wyt,　　　　　(*BD* 1094-95)
　　　(=but as my wit could best suffice in accordance with my young and childly wit)
　　　（しかし年の若い子供じみて心に従って，わしは知恵の許す限り）

(59) He moste han knowen love and his servyse
　　　And been a **feestlych** man as fressh as May, (SqT 280-81)
　　　（愛と愛の奉仕についてよく知り，5月のように瑞々しく快活な人でなければならない）

(58) の childly は「OE cild (n.) + -ly」，(59) の feestlych は「OF feste (n.) + -ly」という形態構造となっている。

-ly 派生形容詞が脚韻の位置で現れる場合はわずか3例である。

(60) For wel wende I ful sikerly
　　　Have ben in paradys **erthly**.　　　　(*RomA* 647-48)
　　　(=I well believed that I have certainly been in the earthly paradise)
　　　（要するに自分はエデンの園に来ていると深く信じたことだ）

2.12. 接尾辞 -ous

現代英語では主に名詞に添加して段階的形容詞を派生し, 'full of, of the nature of, having the character of'（～に満ちた，～性の）などの意味を表す。

この接尾辞は中英語でも同じような意味を持ちきわめて造語力の強い生産的な接辞である。特に，14世紀以降古フランス語起源の名詞に付加して形容詞を形成している。また，この接尾辞はラテン

語を基体とする場合は，ラテン語の名詞の語幹に添加して形容詞を派生している。たとえば，platitudinous（陳腐な文句でいっぱいの，単調な）はラテン語 platitudo の語幹 platitudin- から生じた語である（Marchand (1969: 339) を参照）。一方，英語本来の基体にこの接尾辞が付加している例はあまり見られない。チョーサーではすべて古フランス語あるいはラテン語起源の語に -ous が結びついている。

(61) As in a book, every good word or dede
That longeth to a mayden vertuous,
She was so prudent and so **bountevous**. (PhyT 108-10)
(= as in a book every good word or deed, which belongs to a vertous maiden, she was so prudent and full of goodness)
（徳の高い乙女に相応しいよい言葉遣いや行儀を本から学ぶように，彼女は大変思慮深く，慈悲深いひとであった）

(62) Ther as he hadde his **amorouse** desires, (KnT 2861)
(= as he had had his amorous desires)
（彼は恋の欲情を持っていて）

(61) の bountevous は 1300 年頃初例の bounty (n.) [OF bonte] に -ous が付加した形容詞で，チョーサーが英語に最初に導入した語である。(62) の amorouse は OF amorous の直接借用であろう。基体となるであろう amor は名詞形としては英語に存在していないから。チョーサーには 75 例（タイプ頻度）の -ous 派生形容詞が見られるが，その多くが古フランス語またはラテン語からの直接借用である。また，(61) にあるように（bountevous は virtuous と押韻），-ous 派生形容詞の多くは脚韻の位置に現れている。

2.13. 接尾辞 -som

この接尾辞は古英語（OE -sum）から見られる接辞であり，名詞

または形容詞に付加して形容詞を派生する。

(63) ... þy læs hym   ypa   ðrym
     lest them of waves force
   wudu **wynsuman** forwrecan meahte.
   ship winsome   drive away could (*Beowulf* 1918b-1919)
   (=lest the force of waves could drive away a winsome ship from them)
   (波の力が彼らから喜びの船を運び去ることのないように)

(64) ... wæs þæt gewin to strang,
     was the fight too strong
   lað   ond **longsum**.
   loathsome and long-lasting   (*Beowulf* 133b-134a)
   (=the fight was too strong, and loathsome and long-lasting)
   (その争いはあまりにも激しく，憎悪に満ち長期に及んだ)

(63) の wynsuman は女性名詞 wyn (=joy, pleasure) に -sum が付加された語であり，(64) の longsum は形容詞 lang に -sum が付加された語である。

この接尾辞は 'suitable for' (〜に適している，〜となりそうな，〜しやすい) という意味を表すが，中英語においても生産的ではなく，チョーサーにもわずか4語見られるのみである。

(65) Swich thyng is **gladsom**, as it thynketh me,   (NPT 2778)
   (=such a thing is pleasant, as it seems to me)
   (そのようなことは楽しいであろうと思われるのじゃ)

(66) There wex ek every **holsom** spice and gras;   (*PF* 206)
   (=there every wholesome spice and grass also grow)
   (万病を癒す薬味類も薬草も生えている)

形態構造としては，(65) の galdsom は「OE glæd (n.) + -som」，

(66) の holsom は「OE hal (a.) + -som」である。

3. 形容詞派生接尾辞の意味の相互関係

　これまで派生形容詞の形態構造および形容詞を派生する接尾辞の意味を考察してきた。接尾辞の語源的素性がゲルマン語系の場合は付加する基体もゲルマン語系，ラテン語系の場合は基体もラテン語系という例が多い。また，後期中英語期に最も多くの古フランス語が流入したこともあり，「基体＋接尾辞」という明確な形態的分析は難しく，古フランス語からの直接借用と考えるのが自然な場合もかなり見られる。さらに，多くの場合，脚韻の位置に現れる接尾辞はその頻度も極めて高くなる。

　このように，形容詞を派生する接尾辞にも，その形成にはいろいろな制約が見られるが，以下では各接尾辞の基本的な意味とその相互関係を簡単にまとめておく。基体となる要素は名詞，動詞，形容詞以外に，語よりも小さな言語的単位もあるので，各基体を X と表記する。

-able
- ○ having the character of X
- ○ apt to X
- ○ apt to be Xed
- ○ can be Xed

-al
- ○ of the character of X
- ○ of the nature of X
- ○ like X
- ○ belonging to X

-ary
- ○ pertaining to X

- ○ in relation to X
- ○ of the nature of X
- ○ tending to X

-ed
- ○ having the character of X
- ○ provided with X

-ful
- ○ full of X
- ○ tending to be X

-ic
- ○ having the character of X
- ○ in relation to X

-ing
- ○ like X
- ○ tending to be X

-ish
- ○ having the character of X
- ○ of the nature of X

-ive
- ○ having the character of X

-less
- ○ without X
- ○ devoid of X

-ly
- ○ having the character of X
- ○ appropriate to X
- ○ befitting for X
- ○ belonging to X

-ous
- ○ full of X

第6章　形容詞派生接尾辞の形態的制約と意味　　143

　　○ having the character of X
　　○ of the nature of X
　-som
　　○ suitable for X

このように概観すると，以下の例に示すように，それぞれの接尾辞の表す意味には多少の相互関係があると言えよう。

(67)　"What is the cause, if it be for to telle,
　　　That ye be in this **furial** pyne of helle?"　　(SqT 447-48)
　　　(＝What is the cause, if you're free to tell, that you are in this furious pain of hell?)
　　　(このような地獄の拷問のような苦しみをしている原因はなんなの，話せるなら話してごらん)

(68)　In languor and in torment **furyus**
　　　Two yeer and moore lay wrecche Aurelyus,

　　　　　　　　　　　　　　　　　　　　(FranT 1101-2)
　　　(＝miserable Aurelius lay in suffering and furious torment)
　　　(みじめなアウレリウスは，やるせなさと激しい苦しみのうちに，2年以上も寝込んだ)

(67)のfurialと(68)のfuryusはともに'furious'(激しい)の意味である。次のdestinableとdestynalも'destined'(運命づけられた)という意味で使われている。

(69)　he chasith out alle yvel fro the boundes of his comynalite by the ordre of necessite **destinable**.　　(*Bo* 4pr6.363-35)
　　　(＝he (God) chases out all evil from the bounds of his communality by the order of destined necessity)
　　　(彼(神)は必然的天運という秩序によって御国の領域内からすべての悪をおいだしたもうことを)

(70) forwhi the ordre **destynal** procedith of the simplicite of purveaunce. (*Bo* 4pr6.81-82)
(＝the destined order proceeds from the simplicity of providence)
(天運の順序は摂理の単一性から生じるのです)

次の (71) の merciful と (72) の merciable も 'merciful' (慈悲深い) の意味である。

(71) …, and thou, **merciful** mayde,
　　　…..
　　　Bifore whos child angeles synge Osanne, (MLT 640-42)
(＝and you, merciful maid … before whose child the angels sing 'Hosanna')
(そして慈悲深い処女、あなたの御子の前で天使たちがホザンナを歌っております)

(72) Now, ladi bryghte, sith thou canst and wilt
　　　Ben to the seed of Adam **merciable**, (*ABC* 181-82)
(＝Now, Fair Lady, since you will be the progeny of merciful Adam)
(美しき人よ、あなたは慈悲深いアダムの子孫であろうから)

以上の (67) から (72) で明らかなように、いずれも基体は同一で接尾辞が異なっている。しかし、それぞれの対の派生形容詞の表す意味は同じである。

第 7 章

初期近代英語における複合語の形態的・統語的・意味的特徴
―シェイクスピアの場合―

1. はじめに

すでに第2章で古英語から初期近代英語における複合語について触れているが、ここでは初期近代英語、特にシェイクスピアの英語にみられる複合語の形態的・統語的・意味的特徴について考察する。

古英語においては、頭韻詩という詩形の必要から複合語が頻繁に用いられている。しかし、ノルマン人の英国征服により、英語に古フランス語を中心としたラテン語系の語が多く流入されることになる。このラテン語系の語彙の多くは複合語よりも接頭辞や接尾辞付加による語から形成されている。したがって、古英語に比べれば複合語の使用は少ないと言われている。

しかし、このような傾向にもかかわらず、シェイクスピアは非常に多くの複合語を用いている。そこで、この章では OED, Schäfer (1980) および寺澤 (1997) に基づいて、シェイクスピアが初めて使用した複合語を調査・分析し、その形態的・統語的・意味的特徴を考えてみたい。

複合語とは2語あるいはそれ以上からなる語であり、規定要素 (determinant) と被規定要素 (determinatum) からなる統語体 (syntagma) と定義できる。英語の場合、通常規定要素は被規定要素の前に置かれる。たとえば、steamboat では steam が規定要素であり、boat が被規定要素になる。形態的には二つの名詞 steam と boat が結合して複合名詞を形成している。意味的には steam（蒸気）が boat（船）を規定しているので、steamboat で「蒸気船」となる。つまり、boat（船）は「船」でも steam（蒸気）で動く「船」に意味上限定されている。大雑把にとらえれば、steamboat = boat (steamboat は boat の一種) という関係である。この種の複合語は内心構造の (endocentric) 複合語と呼ばれて外心構造の (exocentric) 複合語とは区別される。外心構造とは、たとえば highbrow（知識人）を取り上げると、high（高い）と brow（まゆ, 顔つき）からなる複合

第7章　初期近代英語における複合語の形態的・統語的・意味的特徴　　147

名詞であるが，highbrow（知識人）＝brow（まゆ）という関係は成立しない。現代英語では，外心構造の複合語としてはほかにも pick-purse（すり），blockhead（のろま），turnkey（看守），gadabout（遊び歩く人）など，いくつかの例が見られるが，内心構造の複合語がはるかに多いことは言うまでもない。

　もちろん，中英語から初期近代英語においても次のような外心構造の複合語は用いられている：

(1)　Ther saugh I first …
　　　…………
　　The **pykepurs**,

　　　　　　　　　(Chaucer *The Canterbury Tales* KnT 1995-98)
　　（＝there I first saw the pickpurse）
　　（そこでまずすりを見た）

(2)　Which oft the ear of greatness needs must hear
　　By smiling **pick-thanks** and base newsmongers,

　　　　　　　　　(Shakespeare *1H4* 3.2.24-25)
　　（あの作り笑いを浮かべたごますりどもや噂話に浮き身をやつす下品下劣な連中が競って父上のお耳に入れた作り話）

(1) の pykepurs（＝pick-purse, thief）は「すり」の意味であり，(2) の pick-thanks（＝flatterer）は「ごますり」の意味を表している。つまり，この複合語の意味はそれぞれの第2要素である purs（財布）および thanks（感謝）からは推定できない。ただ，このような外心構造の複合語は中英語および初期近代英語ではほとんど使われていない。したがって，以下では内心構造の複合語に限って調査・分析する。

　すでに述べたように，複合語は2語あるいはそれ以上の語の結合から形成されている。シェイクスピアにも次のような2語以上の複合語が見られる。

(3) A fish, he smells like a fish, a very ancient and fish-like smell; a kind of, **not-of-the-newest** poor-John.

(*Tem* 2.2.25-27)

(魚だな，魚の臭いがする。昔とれた魚みたいな臭いだ。塩鱈の一種だが，どう見ても新しくはない，妙な魚だ)

(4) But other of your insolent retinue
Do hourly carp and quarrel, breaking forth
In rank and **not-to-be-endur'd** riots. (*Lr* 1.4.202-4)

(お付きの家来たちはみな無礼のし放題，ことごとに文句をつけ，喧嘩をし，挙句の果ては，目に余る乱暴狼藉，もう我慢ができません)

(5) The best actors in the world, either for tragedy, comedy, history, pastoral, pastoral-comical, historical-pastoral, [tragical-historical, **tragical-comical-historical-pastoral**,] scene individable, or poem unlimited; (*Ham* 2.2.396-400)

(やてきたのは天下の名優たちでありまして，得意とするのは悲劇，喜劇，歴史劇，牧歌劇，牧歌劇的喜劇，歴史劇的牧歌劇，悲劇的歴史劇，悲劇的喜劇的歴史劇的牧歌劇，場面が一つの古典劇，一つに縛られぬ新作劇)

しかし，シェイクスピアでのこのような2語以上の複合語は散見されるのみである。したがって，本章ではシェイクスピアが初めて使用した2語からなる複合語について考察することにする。

2. 複合語の種類と形態

2.1. 複合語の種類

シェイクスピアは複合語を非常に多く用いたと言われているが，その正確な数と定義付けは容易ではない。この難しさは台詞を一息に口にする語 (one breathless word) にするためにシェイクスピア

が意図的に1語にしたためとも言われている。[1]

本節では1節ですでに述べたように，OED, 寺澤（1997），そして Schäfer（1980）に基づいてシェイクスピアが最初に用いた複合語を記述する。まず，複合語の種類と形態を以下に示しておく。種類としては複合名詞（compound noun），複合形容詞（compound adjective），複合副詞（compound adverb），複合動詞（compound verb）の4種類であるが，それらの形態は多岐にわたる。

以下に各形態の型の実例をあげるとともに，それぞれの構成要素の語源的要素も示す。その構成要素が古英語，古ノルド語などゲルマン語系である場合は OE，古フランス語あるいはラテン語などロマンス語系である場合は OF で表すことにする。

2.2. 複合名詞の形態
名詞＋名詞（Noun＋Noun）

(6) Cannot my body nor **blood-sacrifice**
    Entreat you to your wonted furtherance?　（*1H6* 5.3.20-21）
    （この身体も血も犠牲にして頼んでいるのに，それでもいつものように助けてくれないの？）

この例では「身体と血を犠牲にすること」の意味なので，body-sacrifice であり blood-sacrifice ということになる。語源的要素からみると blood は OE 起源であり，sacrifice は OF 起源である。

名詞の属格＋名詞（Noun's＋Noun）
第1要素が属格になっている名詞との結合からなる複合名詞である。

(7) he that goes in the **calve's-skin** that was kill'd for the

---
[1] Brook（1976: 137）を参照。

Prodigal;　　　　　　　　　　　　　　　　　(*Err* 4.3.18-19)
(放蕩息子にご馳走するために殺した子牛の皮を着ている人)

複合語 calve's-skin は「子牛の皮」の意味である。この複合語は現代英語でも calf-skin の形で確立している。つまり,「子牛の皮」とは「身に着けている高級品」のことであり,この点で意味の特殊化が見られる。なお,語源的には calve も skin も OE 起源の語である。

名詞＋動名詞 (Noun + Verb-*ing*)

第1要素が名詞で第2要素が動名詞の型である。名詞がその動名詞の元の動詞の目的語の働きをしている構造である。

(8)　and he was ever precise in **promise-keeping**. (*MM* 1.2.76)
　　(彼は約束はきちんと守るよ)

複合語 promise-keeping の語源的要素は promise が OF 起源であり keeping が OE 起源である。

動名詞＋名詞 (Verb-*ing* + Noun)

前出の複合語とは逆の構造である。ただし,統語的には 'hours for sleeping' の構造になっている。

(9)　I'll rhyme you so eight years together, dinners and suppers and **sleeping hours** excepted. (*AYL* 3.2.96-97)
　　(そんな韻の踏み方でいいのならおれだって8年間ぶっとしで踏み続けてやるぜ,昼飯よ晩飯と寝る時間は別にしてだがね)

複合語 sleeping hours の語源的要素はともに OE 起源である。

名詞＋動作主名詞 (Noun + Verb-*er*)

(10)　or do you play the flouting Jack, to tell us Cupid is a

第 7 章　初期近代英語における複合語の形態的・統語的・意味的特徴　　151

　　　　good **hare-finder** and Vulcan a rare carpenter?

　　　　　　　　　　　　　　　　　　　　　　　　(*Ado* 1.1.183-85)

　　　　(それともおまえは恋の神をからかうのか，キューピッドはウサギ
　　　　を見つける人でありヴァルカンはおもちゃの大工だと言って)
　　　　[flouting Jack（誰かをからかう人）[ここでは「恋の神をからかう
　　　　人」の意]；hare-finder（ウサギ狩りで巣の中にウサギを見つける
　　　　役をする人)]

この複合語では hare も finder も OE 起源の語である。この例のような「名詞＋動詞＋ -er」型の複合名詞は共成語（synthetic compounds）とも呼ばれている。[2]

名詞＋副詞（**Verb-er＋Adverb**）

(11)　I would they were in Afric both together,
　　　Myself by with a needle, that I might prick
　　　The **goer-back**.　　　　　　　　　　(*Cym* 1.1.167-69)
　　　(アフリカの砂漠で決闘すればよかったのに。そうしたら私があと
　　　ずさりする者を針で突っついたのに) [goer-back（あとずさりす
　　　る者，退く人)]

複合語 goer-back は「goer [OE] + back [OE]」の構造である。

名詞＋前置詞／副詞（**Verb-er＋Preposition/Adverb**）

(12)　since I have taken such pain to bring you together, let all
　　　pitiful **goers-between** be call'd to the world's end after
　　　my name; call them all Pandars.　　　(*TC* 3.2.199-202)
　　　(さんざん苦労してお二人を一緒にしたのだから，今後あわれな取
　　　り持ち役は，世界のすみずみまで，わしの名を取ってパンダーと

---

[2] Marchand (1969: 15-16) を参照。

呼ばせよう）[goers-between (〈男女の間を〉取り持つ男, 仲介者)]

複合語 goers-between は語源的には goers も between も OE 起源である。

副詞＋動名詞 (Adverb + Verb-*ing*)
この複合語の深層構造 (underlying structure) は「動詞＋副詞」であり, この構造が名詞化したものである。

(13)　Why, he'll answer nobody; he professes **not answering**.
　　　　　　　　　　　　　　　　　　　　　　(*TC* 3.3.267-68)
　　（誰が行ったて返事なんかするものか。彼は今後一切返事はしないと公言しているんだ）

複合語 not-answering の語源的要素は not も answering も OE 起源である。

副詞＋名詞 (Adverb + Noun)
この複合語も前出の複合語と似ているが, 第2要素の語が単純名詞である点が異なる。

(14)　And, to be short, for **not appearance** and
　　　The King's late scruple, by the main assent
　　　Of all these learned men she was divorc'd,　(*H8* 4.1.30-33)
　　（そこで結局, あのかたの出頭拒否と, 王の最近のご心痛を配慮して, 列席の学者たち全員一致の決裁によって, あのかたの離婚が決まった）

複合語 not-appearance の語源的要素はともに OE である。

動名詞＋前置詞 (Verb-*ing* + Preposition)
この複合語の深層構造は「動詞＋前置詞」である。

第 7 章　初期近代英語における複合語の形態的・統語的・意味的特徴　　153

(15) The mere want of gold, and the **falling-from** of his friends, drove him into this melancholy.　(*Tim* 4.3.399-400)
(すっかり金をなくして，友達からも見捨てられ，おかげで憂鬱病にとっつかれたんだ)

複合語 falling-from は語源的には falling も from も OE 起源の語である。

動名詞＋副詞 (**Verb-*ing* + Adverb**)

(16) O Hamlet, what [a] **falling-off** was there　　(*Ham* 1.5.47)
(おお，ハムレット，なんという堕落だ！)

この複合語 falling-off の語源的要素は「falling [OE] + off [OE]」である。
　なお，すでに一部触れているが，(11) の goer-back は go back (退く，後退する) という動詞句から，(12) の goers-between は go between (仲立ちをする) という動詞句から，(13) の not answering は not answer (答えない) という動詞句から，(14) の not appearance は not appear (現れない) という動詞句から派生した複合名詞と考えられる。また，(15) の falling-from は fall from (〜から脱落する) という動詞句から，(16) の falling-off は fall off (悪くなる，堕落する) という動詞句から派生した複合名詞である。

動詞＋名詞 (**Verb + Noun**)

(17) Pretty soul, she durst not lie
Near this **lack-love**, this **kill-courtesy**.　(*MND* 2.2.76-77)
(可愛い娘はこの愛の心を欠いた男，礼儀知らずの男のそばにも寝かさない)

この例にみられる lack-love も kill-courtesy も，第 1 要素にそれ

ぞれ動詞 lack と kill が使われているが，限定詞 this を伴っていることからも明らかなように，複合名詞の働きをしている。また，複合語 lack-love と kill-courtesy の語源的要素はそれぞれ「lack [OE] + love [OE]」，「kill [OE] + courtesy [OF]」からなっている。

形容詞＋名詞 (Adjective + Noun)

(18) Wilt thou rob this leathern-jerkin, crystal-button, not-pated, agate-ring, puke-stocking, caddis-garter, **smooth-tongue**, Spanish-pouch— (*1H4* 2.4.68-71)
(あの野郎からずらかる気はないのか，あの革チョッキにガラスボタン，五分刈りの頭に瑪瑙の指輪，毛の長靴下に毛糸の靴下どめ，スペイン革のさげ袋におべんちゃら上手の舌先)

複合語 smooth-tongue は散文で使われており，語源的には「smooth [OE] + tongue [OF]」の構造である。

形容詞化した現在分詞＋名詞 (Verb-*ing* + Noun)

第1要素は形容詞化した現在分詞であり，この現在分詞が第2要素の名詞を修飾している。

(19) you tailor's yard, you sheath, you bowcase, you vile **standing-tuck**— (*1H4* 2.4.246-48)
(この物差し野郎，刀の鞘野郎，弓の箱野郎，細身の剣野郎)

この散文では tailor's yard, bowcase, standing-tuck という三つの複合名詞が連続して用いられて相手を強く罵倒する文体的効果を狙った表現となっている。3番目の複合語 standing-tuck の文字通りの意味は「真っ直ぐ立っている細身の剣」であり，語源的には standing も tuck も OE 起源の語である。

第 7 章　初期近代英語における複合語の形態的・統語的・意味的特徴　　155

形容詞化した過去分詞＋名詞 (Verb-ed + Noun)
この複合語は前出の複合語と統語的には同じであるが，第 1 要素の語が形容詞化した過去分詞である点が異なっている。

(20) Would any but these **boil'd brains** of nineteen and two-and-twenty hunt this weather?　　(*WT* 3.2.63-65)
（19 から 22 までのいかれ頭じゃなくて，だれがこんな天気に狩りなんかするかてんだ）

複合語 boil'd brains の語源的要素は boil'd が OF 起源であり，brains は OE 起源である。

副詞＋動詞転換名詞 (Adverb + Deverbal Noun)
この複合語では第 2 要素は動詞から転換によって名詞になっている。

(21) A most miraculous work in this good king,
　　 Which often, since my **here-remain** in England,
　　 I have seen him do.　　(*Mac* 4.3.147-49)
（この立派な王のされた奇跡だ。私もここイングランドに滞在して以来，たびたび王がされるのを見たあの奇跡だ）

複合語 here-remain は語源的にはともに OE からなっている。
　以上が複合名詞の形態の型であるが，次の例は Eagleson (1986) と Crystal and Crystal (2002) で分析が異なっている。

(22) Thomas the Earl of Surrey and himself,
　　 Much about **cock-shut** time, from troop to troop
　　 Went through the army, cheering up the soldiers.
　　　　　　　　　　　　　　　　　　(*R3* 5.3.69-71)
（公とサリー伯トーマスのお二人は，小鳥たちもねぐらに帰る日暮れ時に，各部隊を次々にまわられて，兵士たちを激励しておいで

でした）

Eagleson (1986) は cock [OF]-shut [OE] を 'sunset or twilight' の意味の複合形容詞と解釈し，Crystal and Crystal (2002) は 'evening twilight'（つまり，time when poultry were shut away（家禽などが檻に入れられる時間））の意味の複合名詞としている。しかし，(22) では cock-shut が名詞 time の前に位置し，cock-shut time で「家禽などを檻に入れる夕刻の時間」という意味であるから，cock-shut は time を修飾する複合形容詞と解釈すべきであろう。

2.3. 複合形容詞の形態
形容詞＋形容詞 (Adjective＋Adjective)

(23) As I have ever found thee **honest-true**,
 So let me find thee still. (*MV* 3.4.46-7)
 （おまえはこれまでも実直に働いてくれたけど，いままたその実直ぶりを見せてもらわなければ）

この複合語 honest-true は語源的には「honest [OF] + true [OE]」の構造である。次の例も「形容詞＋形容詞」の型であるが，上記の複合語とは少し異なる。

(24) A couching lion and a ramping cat,
 And such a deal of **skimble-skamble** stuff
 As puts me from my faith. (*1H4* 3.1.151-53)
 （寝そべっているライオンや，後ろ足で立つ猫といった，チンプンカンプンな戯言ばかり並べ立てるので，つい忍耐の教えを忘れてしまうのだ）

この (24) の例では skimble（取り留めのない）と skamble（もがく，踏みつける）の /i/ と /a/ の母音交替による重複形になっており，

skimble-skamble は 'nonsensial'（チンプンカンプンの）という意味である。語源的には 2 語とも OF 起源の語である。

形容詞＋形容詞化した現在分詞（Adjective + Verb-*ing*）
ここでは，単純形容詞が形容詞化した現在分詞と結合することで「形容詞＋形容詞」と同じ形態構造となり複合形容詞を形成している。

(25) Tune a deploring dump—the night's dead silence
　　 Will well become such **sweet-complaining** grievance.
　　　　　　　　　　　　　　　　　　　　　　(*TGV* 3.2.84–85)
　　（嘆きの歌を歌うのだ，しんとした夜の静寂はそういう甘く切ない嘆きの歌に相応しいだろう）

この複合語は「sweet [OE] + complaining [OF]」という語源的要素からなっている。

形容詞＋形容詞化した過去分詞（Adjective + Verb-*ed*）
単純形容詞が形容詞化した過去分詞と結合して複合形容詞となっている。

(26) Be **simple-answer'd**, for we know the truth.　　(*Lr* 3.7.43)
　　（率直に答えなさい。真相は分かっているのだから）

複合語 simple-answer'd は「simple [OF] + answer'd [OE]」という語源的要素からなっている。

形容詞＋名詞（Adjective + Noun）

(27) Sea-water shalt thou drink; thy food shall be
　　 The **fresh-brook** mussels, wither'd roots, and husks
　　　　　　　　　　　　　　　　　　　　　　(*Tem* 1.2.463–64)

(海の塩水を飲ませ，小川の貝としなびた草の根とドングリの殻を食わせてやる)

形態の型としては「形容詞＋名詞」であるから複合名詞であるが，限定詞 the と名詞 mussels の間に置かれて fresh-brook 全体としては形容詞の機能を持っている。語源的要素としてはともに OE 起源の語である。

動名詞＋形容詞 (**Verb-*ing* ＋ Adjective**)

(28) Like a poor prisoner in his twisted gyves,
And with a silken thread plucks it back again,
So **loving-jealous** of his [=birds] liberty.　　(*RJ* 2.2.179-81)
(足枷をはめられたあわれな囚人のように，絹の糸を引かれてたちまち連れ戻される。小鳥の自由を愛ゆえにこそ妬むから)

動名詞 loving は「愛すること」であり，loving-jealous で 'jealous of birds' liberty on account of love' の意味を表している。語源的には loving は OE 起源，jealous は OF 起源の語である。

副詞＋形容詞化した過去分詞 (**Adverb ＋ Verb-*ed***)

形容詞化した過去分詞を単純副詞が修飾する構造であり，名詞 friend の前に置かれて複合形容詞として機能している。

(29) There's not a man I meet but doth salute me
As if I were their **well-acquainted** friend,　　(*Err* 4.3.1-2)
(誰に会っても，みんなこのおれに親しい友人のように挨拶する)

(30) Thy **never-conquered** fort: the fault is thine,
For those thine eyes betray thee unto mine.　　(*Luc* 482-83)
(難攻不落の砦に。その罪はそなたにある。そなたを裏切って私に売り渡すのは，その両の眼なのだ)

第 7 章　初期近代英語における複合語の形態的・統語的・意味的特徴　　159

二つの複合語 well-acquainted と never-conquered の語源的要素は「well [OE] + acquainted [OF]」および「never [OE] + conquered [OF]」からなっている。

副詞＋形容詞（Adverb＋Adjective）

(31)　Forgive my general and exceptless rashness,
　　　You **perpetual-sober** gods!　　　　　(*Tim* 4.3.495-96)
　　　（永遠に冷静であられる神々よ，例外なくすべての人間に悪態をついたおれの軽率さを許してくれ）

ここに見られる perpetual-sober は gods を修飾する複合形容詞であり，perpetual は副詞として用いられている。2 語とも OF 起源の語である。

形容詞＋名詞＋接尾辞 -ed（Adjective＋Noun＋*-ed*）

この形態構造は単純形容詞と名詞，そしてその名詞を形容詞化する接尾辞 -ed からなっており，複合形容詞を形成している。

(32)　Till Angiers, and the right thou hast in France,
　　　Together with that pale, that **white-fac'd** shore,
　　　Whose foot spurns back the ocean's roaring tides
　　　　　　　　　　　　　　　　　　　　　　(*Jn* 2.1.22-24)
　　　（アンジュおよびフランスにあるあなたの権利とともに，あの蒼ざめた顔をした白亜の岸壁が，その足で怒号する大海の波を蹴返す）

複合語 white-fac'd は「white [OE] + fac'd [OE]」という語源的要素からなっている。

名詞＋名詞＋接尾辞 -ed（Noun＋Noun＋*-ed*）

ここでは，単純名詞と接尾辞 -ed 付加により名詞から派生した形容詞が結合されて複合形容詞を形成している。

(33)　Look, they weep,
　　　And I, an ass, am **onion-ey'd**.　　　　　(*Ant* 4.2.34-35)
　　　(みんな泣いていますよ。私までバカみたいに目がジーンとしてきた)

複合語 onion-ey'd は語源的には onion は OF 起源, ey'd は OE 起源の語である。

名詞＋形容詞化した現在分詞 (Noun＋Verb-*ing*)

単純名詞と形容詞化した現在分詞が結合して複合形容詞を形成している。

(34)　Lest sorrow lend me words, and words express
　　　The manner of my **pity-wanting** pain.　　(*Son* 140.3-4)
　　　(悲しみが私に言葉を与え、言葉が憐れんでほしい私の苦悩の真相を話してしまわないように)

複合語 pity-wanting の語源的要素は pity が OF 起源, wanting が OE 起源の語である。

名詞＋形容詞化した過去分詞 (Noun＋Verb-*ed*)

この型は名詞に形容詞化した過去分詞が結合しており、前掲の名詞と形容詞化した現在分詞による複合形容詞と形態構造としては類似している。

(35)　Marcus, unknit that **sorrow-wreathen** knot;　　(*Tit* 3.2.4)
　　　(マーカス、悲しみの花輪のような腕組みを解いてくれ)

形容詞化している wreathen は動詞 wreathe (花輪にする) の過去分詞であり, unknit ... knot は 'unfold your arms' (腕組を解く) の意味となる。また、この複合語は sorrow も wreathen も OE 起源の語である。

動詞＋形容詞化した過去分詞（Verb + Verb-ed）

(36) With aged cramps, and more **pinch-spotted** make them
Than pard or cat o' mountain.　　　　　　(*Tem* 4.1.259-60)
（痙攣させてやれ，身体中つねりまわして，山猫以上にまだらにしてやれ）

この例での pinch-spotted とは 'discolored with marks of pinching / discolored with pinch-mark'，つまり「つねるという行為で斑点をつける」の意味の動詞句から複合形容詞になったと考えられる。なお，pinch は OF 起源，spotted は OE 起源の語である。

形容詞＋副詞（Adjective + Adverb）

(37) That were to enlard his **fat-already** pride,　　(*TC* 2.3.195)
（それはすでに脂ののりきった慢心にさらに油を注ぐことになった）

この複合語は already fat（ともに OE 起源）という形容詞句が fat-already という形で複合形容詞になっている。

名詞＋形容詞（Noun + Adjective）

(38) Set him **breast-deep** in earth and famish him,　(*Tit* 5.3.179)
（彼を胸の深さまで地中に生き埋めにせよ）

この例での set him breast-deep は「動詞＋目的語＋補語」の構造になっているので，breast-deep（ともに OE 起源）は複合形容詞として機能している。

現在分詞＋形容詞（Present Participle + Adjective）

(39) More **feeling-painful**: let it then suffice

> To drown [one] woe, one pair of weeping eyes.
>
> *(Luc* 1679-80)
>
> (一層鋭い苦痛を味わっています。これでよしとしてください，一人が嘆き，一対の眼が涙に溺れているというだけで)

この例では more という比較級の語があることから明らかなように，feel painful という動詞句を複合形容詞にしたものである。語源的には feeling は OE 起源，painful は OF 起源である。また，この詩行では，複合形容詞ではないが，「形容詞化した現在分詞＋名詞」の複合名詞 weeping eyes も使われている。

過去分詞＋副詞 (Past Participle＋Adverb)

> (40) And that the legions now in Gallia are
> Full weak to undertake our wars against
> The **fall'n-off** Britains, *(Cym* 3.7.4-6)
>
> (またフランス駐在の部隊は劣勢であって，反乱を起こしたブリテンを鎮圧するのは困難である)

ここでの fall'n-off は fall off (＝revolt (反乱を起こす)) という動詞句から形成された複合形容詞である。なお，fall'n, off とも OE 起源の語である。

副詞＋副詞 (Adverb＋Adverb)

> (41) And if we did but glance a **far-off** look,
> Immediately he was upon his knee, *(2H6* 3.1.10-11)
>
> (遠くからチラッと目を向けただけでも，彼はすぐその場にひざまずいた)

ここでは，本来は far off (ともに OE 起源) という副詞句だったものが複合形容詞として用いられている。

副詞＋形容詞化した現在分詞（Adverb＋Verb-ing）

(42) …; **back-wounding** calumny
　　　The whitest virtue strikes.　　　　　　　　(*MM* 3.2.186-87)
　　　（卑劣な中傷のかだまは純白な美徳の士をも鞭打つのか）

文字通りには「背後から傷つける」の意味の動詞句 wound back（＝backbite（中傷する））が back-wounding という複合形容詞となっている。なお，wound も back も OE 起源の語である。

動名詞／現在分詞？＋形容詞（Verb-*ing*＋Adjective）

(43) The sailors sought for safety by our boat,
　　　And left the ship, then **sinking-ripe**, to us.　(*Err* 1.1.76-77)
　　　（水夫たちは命からがらボートに移り，沈みかけている船を残していった）

この例での ripe は 'ready'（今にも〜する）の意味の形容詞であり，したがって sinking-ripe は 'ready to sink' の意味である。そしてこの sinking-ripe が前置されている名詞 ship を修飾する複合形容詞となっている。ただ，sinking は動名詞なのか現在分詞なのか不明である。なお，語源的には ripe も sinking も OE 起源の語である。

前置詞＋名詞（Preposition＋Noun）

(44) [Nor no **without-book** prologue, faintly spoke
　　　After the prompter, for our entrance;]　　　(*RJ* 1.4.7-8)
　　　（おれたちが登場するのに，プロンプターつきで，しどろもどろの台本なしの前口上などごめんだね）

この例での without-book（ともに OE 起源）は文字通りには「本（台本）なしでの」の意味であり，名詞 prolouge（前口上）を修飾す

2.4. 複合副詞の形態
形容詞＋形容詞（Adjective＋Adjective）

(45) Since from thee going he went **willful-slow**
Towards thee I'll run, and give him leave to go.

(Son 51.13-14)

（あなたのもとを離れるとき，馬はわざとのっそり歩いてくれたら
あなたのもとへ帰るときは私が走り，馬は歩かせてあげよう，と）

ここでは willful も slow も形容詞であり，went の補語となっている。また，willful も slow も OE 起源の語である。

副詞＋副詞（Adverb＋Adverb）

(46) You could never do him so **ill-well**, unless you were the very man. *(Ado* 2.1.117)

（そんなおかしなところをうまく真似できるものですか，ご本人でもないかぎり）

この散文で用いられている ill-well は 'wickedly well' の意味であり，副詞 ill と副詞 well の結合による複合副詞として機能している。語源的には ill も well も OE 起源の語である。

2.5. 複合動詞の形態
名詞＋動詞（Noun＋Verb）

(47) I'll conjure you, I'll **fortune-tell** you! *(MWW* 4.2.186)

（魔法はこうやって使うのだ！　運勢はこうやって占うのだ！）

この fortune-tell は tell one's fortune（～の運勢を占う）という動詞句が複合語になったものである。なお，fortune は OF 起源，tell

は OE 起源の語である。

形容詞＋動詞 (Adjective + Verb)

(48) Pistol, I will **double-charge** thee with dignities.

(*2H4* 5.3.124)

（ピストル，おまえにも大砲並みのでっかい栄誉を与えてやるぞ）

この散文に見られる複合語 double-charge は文字通りには 'load twice over'（荷を二倍に積む）の意味で使われており，副詞 double と動詞 charge からなる複合動詞を形成している。語源的には 2 語とも OF 起源の語である。

ここまで複合語の形態を見てきたが，各形態の型のタイプ頻度を以下に示す。

複合名詞	
名詞＋名詞	253
名詞（属格）＋名詞	11
名詞＋動名詞	9
動名詞＋名詞	13
名詞＋動作主名詞 (Verb-er)	24
名詞＋副詞	1
名詞＋前置詞／副詞	2
副詞＋動名詞	1
副詞＋名詞	1
動名詞＋前置詞	1
動名詞＋副詞	1
動詞＋名詞	2
形容詞＋名詞	36
形容詞化した現在分詞＋名詞	1
形容詞化した過去分詞＋名詞	1
副詞＋動詞転換名詞 (Deverbal Noun)	2

複合形容詞	
形容詞＋形容詞	35
形容詞＋形容詞化した現在分詞	64
形容詞＋形容詞化した過去分詞	85
形容詞＋名詞	3
動名詞＋形容詞	1
副詞＋形容詞化した過去分詞	55
副詞＋形容詞	6
形容詞＋名詞＋接尾辞 -ed	158
名詞＋名詞＋接尾辞 -ed	17
名詞＋形容詞化した現在分詞	76
名詞＋形容詞化した過去分詞	81
動詞＋形容詞化した過去分詞	1
形容詞＋副詞	2
名詞＋形容詞	17
現在分詞＋形容詞	1
過去分詞＋副詞	1
副詞＋副詞	2
副詞＋形容詞化した現在分詞	1
動名詞／現在分詞？＋形容詞	1
前置詞＋名詞	3
複合副詞	
形容詞＋形容詞	1
副詞＋形容詞	1
複合動詞	
名詞＋動詞	3
形容詞＋動詞	9
形容詞＋名詞	1

表 3

この表から言えることは，複合名詞では「名詞＋名詞」型が最も多く使われているが，複合形容詞では複合名詞に比べてさまざまな型

第7章　初期近代英語における複合語の形態的・統語的・意味的特徴　　167

が見られることである。そのなかでも「形容詞＋名詞＋接尾辞 -ed」型が最も多く用いられている。

　Salmon (1970: 21-23) が指摘しているように，複合語は韻文におけると同様に散文にも多く使われている（上記の例のうち (7), (8), (9), (10), (12), (15), (18), (20), (46) は散文）。以下に，シェイクスピアが初めて用いた複合の種類とその複合語を形成している規定要素と被規定要素の語源的的要素のタイプ頻度を示す。

複合名詞	**359**
OE ＋ OE	195
OE ＋ OF	61
OF ＋ OE	74
OF ＋ OF	26
？ ＋ OE	2
OE ＋ ？	1
？ ＋ ？	1
複合形容詞	**610**
OE ＋ OE	327
OE ＋ OF	164
OF ＋ OE	80
OF ＋ OF	38
OF ＋ ？	1
複合副詞	**2**
OE ＋ OE	2
複合動詞	**13**
OE ＋ OE	5
OE ＋ OF	3
OF ＋ OE	3
OF ＋ OF	2

表 4

この表から明らかなように，シェイクスピアでは複合形容詞が最も

多く使われており，次いで複合名詞となっている。複合副詞と複合動詞は散見されるのみである。また，語源的要素から見ると（語源不明の5例があるが），いずれの複合語においても OE + OE が最も多い。

英語史上からみて，いつの時代も複合名詞が最も多く使われているが，ノルマン人の英国征服以降ラテン語系，特に古フランス語が英語に多く流入した。しかし，すでに指摘したように，接頭辞や接尾辞による派生語に比べると，複合語は多くない。

これは，Bradley (1904) や Jespersen (1938) が指摘しているように，当時の支配階級（または上流階級）の言語であったフランス語やラテン語が複合語を好む言語ではなかったことによる。現に後期中英語の複合語を調べてみると，派生語に比べて複合語の使用は多くない。[3] このような言語的背景を考えると，シェイクスピアの初例の複合語でみる限りは，複合名詞と複合形容詞が相当多く表れているのは特徴的な現象と言えよう。

そこで，前節でも多少述べているが，以下の節では複合名詞と複合形容詞の統語的・意味的特徴についてさらに詳しく検討する。

3. 複合名詞と複合形容詞の統語的・意味的特徴

3.1. 複合名詞の場合

名詞＋名詞で意味的に並列または全体とその一部の関係を表している。

(49) Gloucester: Is it a **beggar-man**?
Old Man: Madman and beggar too. (*Lr* 4.1.29-30)
（グロスター：物乞いの者か？ 老人：頭が狂っており，そのうえ乞食でもあります）

---

[3] Yonekura (2011: 229-259) を参照。

第 7 章　初期近代英語における複合語の形態的・統語的・意味的特徴　　169

(50)　Take heed, ere summer comes or **cuckoo-birds** do sing.
　　　　　　　　　　　　　　　　　　　　　　　　(*MWW* 2.1.123)
　　　(用心しなよ。カッコウに阿呆, 阿呆と鳴かれよう)

(51)　I will be more jealous of thee than a Barbary **cock-pigeon** over his hen,　　　　　　　　　　(*AYL* 4.1.150)
　　　(バーバリー産の雄鳩が雌鳩にやく以上に私はあなたにやきもちをやくでしょう)

(52)　As maids of thirteen do of **puppy-dogs**!　　(*Jn* 2.1.460)
　　　(13 才の小娘が犬っころのことをしゃべるように)

(53)　You are welcome; but my **uncle-father** and **aunt-mother** are deceiv'd.　　　　　　　　　　　(*Ham* 2.2.375-77)
　　　(君たちもよくきてくれた。叔父なる父も叔母なる母も, 思い違いをしているようだ)

(49) の場合, 次行では単に beggar を用いているが, 前行では beggar に man を付加させて 'the beggar is a man', つまり「その乞食は男」であることを示しており, 意味的には並列構造と言える。名詞＋名詞または名詞の属格＋名詞で比喩的な意味を示す場合もある。(50) の cuckoo-birds とは 'a cuckoo is a kind of bird' となるので,「カッコウは鳥の一種」となり全体と部分の関係を表している複合語である。シェイクスピアの時代, カッコウは人妻の不義を告げる鳥と考えられていたので, cuckoo-birds とは「不義を告げる鳥」という意味にもなる。(51) の cock-pigeon では cock は「雄鶏」の意味であるから pigeon (鳩) とほとんど意味上は並列的といえる。このことは後ろにみられる over his hen (hen は「雌鶏」) では pigeon が省略されていることからも明らかである。(52) の puppy-dogs と (53) の uncle-father および aunt-mother では, 第 1 要素と第 2 要素はそれぞれ意味上まったく同じである。

(54)　thou halfpenny purse of wit, thou **pigeon-egg** of discretion.　　　　　　　　　　　　　　　　(*LLL* 5.1.74)

(さ,知恵の小銭入れさん,分別の小鳥の卵さん)

(55) and this way will I take upon me to wash your liver as clean as a sound **sheep's heart**, (*AYL* 3.2.421-33)
(このようにしてあなたの恋のもとである肝臓を健康な羊の心臓のようにきれいに洗いましょう)

(54) の pigeon-egg は「小鳥の卵」(＝心の狭い小人) の意味であり,(55) の sheep's heart は 'one who is as timid as a sheep' (臆病な人) を表し,どちらも比喩的な用法と言える。

形容詞＋名詞の複合語では規定要素と被規定要素の結合通りの意味を表している場合が多く見られる。

(56) Behind the globe, that lights the **lower world**, (*R2* 3.2.38)
(下界を明るくする地球の裏で)

(57) They dance? they are **madwomen**. (*Tim* 1.2.133)
(踊るっていうのか？ 気の狂った女どもめが)

(58) With certain **half-caps** and cold-moving nods,
They froze me into silence. (*Tim* 2.2.212-13)
(帽子にちょっと手をやり,冷たく会釈して,私の口を凍らせてしまうのです)

(56) の lower world は「より下の世界」(＝下界),(57) の madwomen は「気の狂った女たち」の意味であるから第1要素と第2要素の意味を足した文字通りの意味となっている。(58) の half-caps も「半分だけ (＝少しだけ) ずらした帽子」の意味であるが,後に続く cold-moving nods が「冷たい態度での会釈」を意味している。この点から考えて,この half-caps という動作は 'grudging salutes' (ぞんざいな挨拶) を暗示することになるので比喩的表現とも言える。

次の複合名詞はまれではあるが形態的には「動詞＋名詞」の構造になっている。

第 7 章　初期近代英語における複合語の形態的・統語的・意味的特徴　　171

(59) I will think you the most pathetical **break-promise**,
　　　　　　　　　　　　　　　　　　　　　　　　　(*AYL* 4.1.192)
　　　（私はあなたを最もあわれむべき約束破りと思うでしょう）

(60) That broker that still breaks the pate of faith,
　　　That daily **break-vow**,　　　　　　　　　　(*Jn* 2.1.568–69)
　　　（あの口から出まかせのやりてばばあ，あの誓約破りの常習犯）

(61) What a **lack-brain** is this!　　　　　　　　(*1H4* 2.3.16)
　　　（なんて愚か者なんだ）

　(59) の break-promise は 'break a promise' という動詞句から派生した複合名詞で「約束を破る人」，(60) の break-vow は動詞句 'break a vow' から派生した複合名詞であり「誓いを破る人」，(61) の lack-brain は 'lack brain' から生じた複合名詞で「知能が欠けている人」の意味となっている。

　次の「名詞＋名詞」の形態的構造では第 2 要素の名詞が「動詞＋動作主接尾辞 -er」になっており，この型の複合語はシェイクスピアにかなり多く使われている。

(62) Well, you are a rare **parrot-teacher**.　　　(*Ado* 1.1.138)
　　　（なるほど，あなたはオウムの学校の立派な先生になれるよ）

(63) Time out a' mind the fairies' **coachmakers**.　(*RJ* 1.4.61)
　　　（大昔からの妖精の車作り）

(64) O thou sweet **king-killer**,　　　　　　　　(*Tim* 4.3.381)
　　　（おお，可愛い国王殺しよ）

(65) I think he is not a pick-purse nor a **horse-stealer**,
　　　　　　　　　　　　　　　　　　　　　　　　　(*AYL* 3.4.22–23)
　　　（私は彼がスリや馬泥棒だとは思わない）

　(62) から (65) の例は形態的には「目的語＋動詞」の構造であり，統語的には「動詞＋目的語」という動詞句から生じている複合名詞である。つまり，(62) の parrot teacher は teach a parrot some-

thing, (63) の coachmakers は make a coach, (64) の king-killer は kill a king, (65) の horse-stealer は steal a horse という動詞句からの派生になっている。

また,すでに (21) であげた here-remain のような複合名詞は韻律 (meter) の必要から生じていると考えられる。

(66)(= (21))　A most miraculous work in this good king,
　　　　　　Which often, since my **here-remain** in England,
　　　　　　I have seen him do.　　　　　　(*Mac* 4.3.147-49)
　　　　　　(私もここに来てからイングランドの王がなされる奇跡を何度も見たことがある)

(67)　Whither indeed, before [thy] **here-approach**,
　　　Old Siward, with ten thousand warlike men
　　　Already at a point, was setting forth.　　(*Mac* 4.3.133-35)
　　　(実は,あなたがここに到着する前に,老シーワードが一万の精鋭を率い,すでに祖国に向かって出発している)

(66) の here-remain と (67) の here-approach を含む詩行を律読すると次のようになる。

　　Which óften, sínce my hére-remáin in Éngland
　　Whíther indéed, befóre [thy] hére-appróach

シェイクスピアの韻律の基本は弱強5歩格であり,here-remain も here-approach もこの韻律を維持するために「動詞＋副詞」,つまり remain here および approach here の語順を逆にしたものと考えられる。[4]

3.2. 複合形容詞の場合

Salmon (1970: 19) が指摘しているように,複合名詞がシェイ

---

[4] Salmon (1970: 19) を参照。

第 7 章　初期近代英語における複合語の形態的・統語的・意味的特徴　173

クスピアの詩語（poetic diction）を形成するのに極めて重要であることは言うまでもないが，この詩語形成にさらに重要な役割を担っているのが複合形容詞である。なかでも，「形容詞＋名詞＋接尾辞 -ed」からなる複合形容詞は注目すべき語形成である。この接尾辞 -ed は動詞の過去あるいは過去分詞を形成する屈折接尾辞 -ed とは異なり，「～を所有する」という意味を持つ派生接尾辞である。

　シェイクスピアの事例を検討する前に，中英語，特にチョーサーの場合について見ておく。すでに述べたように中英語期では複合語は決して多いとは言えない。また複合語のほとんどは複合名詞であり，複合形容詞の事例は少数である。

(68) Noght but for **open-heveded** he hir say
Lookynge out at his dore upon a day.

(Chaucer *CT* WBT 645-46)

(＝he saw hir bareheaded looking out at the door on a day)

(それは，ある日彼女が被り物をつけずに扉のところで外を眺めているのを目撃したという理由だけなの)

(69) Full pitously to God she preide
That **proude-hertid** Narcisus,
………
That never he myght to joye atteyne,

(Chaucer *RomA* 1490-95)

(＝she piously prayed God … that proud-hearted Narcis … might never attain joy)

(彼女は神に敬虔な祈りを捧げた，あの傲慢な心のナルキッソスが二度と楽しい思いをしないように)

(70) Agayns this **roten-herted** synne of Accidie and Slouthe sholde men exercise hemself　　(Chaucer *CT* ParsT 688)

(＝against this rotten-hearted sin of Sloth, men should

strive to do good works)

(無精という心の腐りきった罪に逆らって，良い働きをするべく努力すべきである)

(71) He was **short-sholdred**, brood, a thikke knarre;

(Chaucer *CT* GP 549)

(= he was stort-shouldered, broad in the body, a thick-set man)

(彼は猪首で怒り肩の，肩幅の広い，ずんぐりした男であった)

(72) She sobre was, ek symple, and wys withal,

………..

Tendre-herted, slydynge of corage; (Chaucer *Tr* 5.820-25)

(= she was temperate, also modest, and moreover wise ... inconstant of courage)

(彼女は慎み深く，気取らず，その上思慮深い ... そして気立ては優しいが，優柔不断だった)

チョーサーでは5例しか見られないが，いずれも第2要素は「名詞＋接尾辞 -ed」になっている。つまり，(68) の heveded は head (n.) + -ed, (69) の hertid と (70) の herted は heart (n.) + -ed, (71) の sholdred は shoulder (n.) + -ed, (72) の herted は heart (n.) + -ed であり，身体の一部を表す名詞に接尾辞 -ed が付加されている。

このように「形容詞＋名詞＋接尾辞 -ed」の形態は中英語ではあまり用いられていないが，シェイクスピアでは頻繁に使われている。

(73) They willfully themselves exile from light,
And must for aye consort with **black-brow'd** Night.

(*MND* 3.2.386-87)

(彼らはわれとわが身を光から追放したのです。永久に黒い顔をした夜のお供をする定めなのです)

第 7 章　初期近代英語における複合語の形態的・統語的・意味的特徴　　175

(74) For by this **black-fac'd** night, desire's foul nurse,
　　 Your treatise makes me like you worse and worse.

　　　　　　　　　　　　　　　　　　　　　　　　(*VA* 773-74)

　　 (なぜなら，欲情の乳母であるこの黒い顔の夜にかけて，あなたの
　　 おしゃべりで，益々あなたが嫌いになります)

(75) This **blue-ey'd** hag was hither brought with child,

　　　　　　　　　　　　　　　　　　　　　　　　(*Tem* 1.2.269)

　　 (目に青い隈のできたこの鬼ばばあは身ごもったままここに連れて
　　 こられた)

(76) It warm'd thy father's heart with proud desire
　　 Of **bold-fac'd** victory.　　　　　　　　(*1H6* 4.6.11-12)

　　 (それは父の心を燃え上がらせてくれたぞ。この上はぜひとも勝つ
　　 と胸を張ったものだ)

(77) **Cold-hearted** toward me?　　　　　　　(*Ant* 3.13.158)

　　 (おれには冷たい心とか？)

(78) I have receiv'd from many a several fair,
　　 Their kind acceptance weepingly beseech'd,
　　 With th' annexions of fair gems enrich'd,
　　 And **deep-brain'd** sonnets　　　　　　　(*LC* 206-209)

　　 (数多くの美しい女性から美しい宝石や難解なソネットが添えられ
　　 て，涙ながらに懇願されて，優しく受け取りました)

(79) and shoulder-shotten, near-legg'd before, and with a **half-
　　 [cheek'd]** bit and a head-stall of sheep's leather,

　　　　　　　　　　　　　　　　　　　　　　　　(*Shr* 3.2.55-57)

　　 (肩の骨ははずれ，後ろ脚はくっついてよろよろし，轡はだらしな
　　 くたれさがり，面がいは安っぽい羊の皮で)

(80) **Hard-handed** men that work in Athens here,

　　　　　　　　　　　　　　　　　　　　　　　　(*MND* 5.1.72)

　　 (このアテネで働く職人連中です)

(81) Y' are meek and **humble-mouth'd**,　　　(*H8* 2.4.107)

(あなたは温厚で謙虚な口のききかたをする)

(82) Death to thyself but to thy **lewd-tongu'd** wife,
(WT 2.3.172)
(おまえだけではなくおまえの口汚い女房までも死刑だ)

(83) and kill me a **red-hipp'd** humble-bee on the top of a thistle; (*MND* 4.1.12)
(アザミのてっぺんに止まっているお尻の赤い熊ん蜂を殺してくれ)

(84) The **strong-neck'd** steed, being tied unto a tree,
Breaketh his rein, and to her straight goes he. (*VA* 263-64)
(その首筋強い駿馬は，木に繋がれていたが，手綱を断ち切り，牝馬のほうへ真っ直ぐ駈けていく)

(85) That villainous abominable misleader of youth, Folstaff, that old **white-bearded** Sathan. (*1H4* 2.4.462-63)
(若者を堕落の道に誘い込むあの憎むべき悪党，白髭の老悪魔，フォールスッタフのことだ)

(86) With plenteous rivers and **wide-skirted** meads,
We make thee lady. (*Lr* 1.1.65-66)
(魚の群がる川も，裾の広がる牧場もおまえのものにするぞ)

(73) から (85) に見られる brow'd, fac'd, hearted, brain'd, cheek'd, handed, mouth'd, tongu'd, hipp'd, neck'd, bearded はすべて身体の一部を表す名詞に接尾辞 -ed が付加されて「〜を持つ，〜の特徴を有する」という意味を示している。また，(86) の skirted は身体の一部ではないが，身体に付けているものなので身体の一部と同じようなものである。

次の例も具体的な身体を表しているわけではないが，身体に関連した名詞に接尾辞 -ed が付加されている。

(87) Thou **cold-blooded** slave,
Hast thou not spoke like thunder on my side?

第7章　初期近代英語における複合語の形態的・統語的・意味的特徴　177

　　　　　　　　　　　　　　　　　　　　　　　　(*Jn* 3.1.123-24)
　　　（この冷血漢のお前が，雷のような声を出して私に味方すると言うのか？）

(88)　**Half-blooded** fellow, yes.　　　　　　　　(*Lr* 5.3.80)
　　　（あるのだ，私生児殿）

(89)　And **holy-thoughted** Lucrece to their sight
　　　Must sell her joy, her life, her world's delight.
　　　　　　　　　　　　　　　　　　　　　　　　(*Luc* 384-85)
　　　（至純なるルークリースはこの両の眼に売り渡さねばならぬ，彼女の悦びを，彼女の命を，この世に生きる悦楽を）

(90)　But for all this, my **honest-natur'd** friends,
　　　I must needs say you have a little fault;　　(*Tim* 5.1.86-87)
　　　（にもかかわらず，正直な朋であるお二人にあえて申せば，お二人とも小さな欠点がある）

(91)　**Ill-spirited** Worcester, did not we spend grace,
　　　Pardon, and terms of love to all of you?　　(*1H4* 5.5.2-3)
　　　（邪悪な心のウスターよ，わしはそなたたちに寛大な恩赦と友情の言葉を申し送ったではないか）

(92)　A lunatic **lean-witted** fool,　　　　　　　(*R2* 2.1.115)
　　　（知恵までやせた気の狂った愚か者だ）

(87)から(92)にみられる第2要素の blooded, thoughted, natur'd, spirited, witted は身体そのものではないが，身体と密接な関係のある主に心的な意味を持つ名詞に接尾辞が付加されて「～の特徴を有する」を示している。

　上記の「形容詞＋名詞＋接尾辞 -ed」とよく似た形態に「名詞＋名詞＋接尾辞 -ed」がある。

(93)　… from the **glass-fac'd** flatterer
　　　To Apemantus, that few things loves better
　　　Than to abhor himself;　　　　　　　　　(*Tim* 1.1.58-60)

(鏡面したおべっか使いから,自分を嫌うことが何より好きというアペマンタスにいたるまで)

(94) Turn thy complexion there,
Patience, thou young and **rose-lipp'd** cherubin—
(*Oth* 4.2.62-63)
(顔色を変えるがいい,初々しいバラ色の唇をした忍耐よ)

(95) **Rose-cheek'd** Adonis hied him to the chase; (*VA* 3)
(バラ色の頬をしたアドゥニスが狩りへと急いだ)

(96) This **tiger-footed** rage, when it shall find
The harm of unscann'd swiftness, will (too late)
Tie leaden pounds to 's heels. (*Cor* 3.1.310-13)
(このように怒り狂ってトラのように前後の見境もなく突っ走ると,後でかかとに鉛の錘をつけても間に合わなくなるぞ)

(97) thou wert better thou hadst strook thy mother, thou **paper-fac'd** villain! (*2H4* 5.4.10)
(おまえなんか自分のおふくろさんをぶん殴ったほうがましだていうことになるからね。この青びょーたん!)

(98) Ingratitude! thou **marble-hearted** fiend, (*Lr* 1.4.259)
(忘恩という石のような心をもつ悪魔め)

(99) … his own unkindness,
…..
… gave her dear rights
To his **dog-hearted** daughters— (*Lr* 4.3.42-45)
(ご自分自身の無慈悲が姫の大事な権利を犬にも劣る姉娘たちにやってしまわれた)

(100) I shall laugh myself to death at this **puppy-headed** monster. (*Tem* 2.2.154)
(このでくのぼう頭の化け物を見ると,おかしくって笑い死にしそうだ)

(101) Thou li'st, thou **shag-ear'd** villain! (*Mac* 4.2.83)

(嘘だい，毛むくじゃらの悪党！)
(102)　And I, an ass, am **onion-ey'd**.　　　　　　　　(*Ant* 4.2.35)
(私までバカみたいに目がジーンとしてきた)〔(33)にすでに提示〕

(93)から(102)の例でも第2要素には身体を表す名詞が用いられ，接尾辞 -ed 付加により形容詞化している。Brook (1976: 137) は「シェイクスピアは絵画的にあるいは簡潔にさまざまな概念を表現する」("express ideas picturesquely and concisely") ために多くの複合語を用いていると述べている。特に，上記の例で明らかなように，シェイクスピアは人物の特徴，感情，心の動きなどさまざまな状況を「形容詞＋名詞＋接尾辞 -ed」および「名詞＋名詞＋接尾辞 -ed」で簡潔に表現していると言える。[5] これらの複合語を利用しなければ，簡潔にして的確な表現は不可能である。たとえば，blue-eyed, cold-blooded, glass-faced, tiger-footed を用いなければ，それぞれ with dark circles around eyes, not showing or involving any emotions or pity for other people's suffering, reflecting like a mirror the looks of another, indiscriminately rushing headlong like a tiger という長い形容詞句で表現することになる。

この種の複合語は，広い意味で捉えれば，メタファー (metaphor) による意味拡張と言える。このような意味拡張は現代英語では詩的表現に限らず，日常の英語に普通に見られる。

> John is a **faint-hearted** man. (ジョンは気の弱い男だ)
> Mary is **loose-tongued**. (メアリーは口が軽い)
> Brown is **baby-faced**. (ブラウンは童顔だ)

つまり，人間の身体の一部を複合語の第2要素に用いることで，主語の性格や外見の特徴を伝えている。「身体の一部」を用いてい

---

[5] このような特徴は現代の英文学にも見られる文体的工夫と言える (Elliott (1984: 171–175) を参照)。

ることから考えると、近接性（contiguity）に基づく意味の拡張となるので、メトニミー（metonymy）とも言える。[6]

また、シェイクスピアにおける複合形容詞には次のような注目すべき特徴もある。先ず実例を見てみよう。

(103) Or else I swoon with this **dead-killing** news!　(*R3* 4.1.35)
（さもなければこの命に関わる知らせで私は気絶してしまう）

(104) Lady, I am not well, else I should answer
From a **full-flowing** stomach.　(*Lr* 5.3.73-74)
（お姉様、なんだか私気分が悪いので、怒鳴り返すのはよしましょう）

(105) … the enemy **full-hearted**,
Lolling the tongue with slaught'ring—　(*Cym* 5.3.7-8)
（意気上がる敵は舌なめずりして虐殺のしほうだい）

(106) Will you, with those infirmities she owes,
Unfriended, **new adopted** to our hate,　(*Lr* 1.1.202-3)
（この欠点だらけで、頼るものとてなく、新たに私の憎しみを買った、娘をどうされる？）

(107) She dares not look, yet winking there appears
Quick-shifting antics, ugly in her eyes.　(*Luc* 458-59)
（目を開く勇気は出ない。だが目をつむると瞼の裏には、千変万化のおぞましい物の怪が姿を現す）

(109) But I am constant as the northen star,
Of whose **true-fix'd** and resting quality　(*JC* 3.1.60-1)
（だが俺は北極星のように不動だ、唯一動かざるあの星のようにな）

(110) That one body should be fill'd
With all graces **wide-enlarg'd**.　(*AYL* 3.2.143)
（あまねく美徳えりすぐり、ただ一人の身満たすべし）

---

[6] Salmon (1970: 22) および影山 (1999: 31-33) を参照。

(111) Since from thee going he went **willful-slow**
Towards thee I'll run, and give him leave to go.

(*Son* 51.13-14)

(あなたのもとを離れるとき，馬はわざとのっそり歩いてくれたから，あなたの元へ帰るときは私が走り，馬は歩かせてあげよう，と)

以上の例で第1要素に現れている dead, full, new, quick, true, wide, willful は形態上は形容詞と考えられる。しかし，統語的・意味的には副詞として機能している。現に，次の例では副詞を派生する接尾辞 -ly を付加された語が第1要素に使われている。

(112) What signifies my **deadly-standing** eye, (*Tit* 2.3.32)
(あたしのこの死人のようにすわった目が何を意味しているのか)
(113) The **deadly-handed** Clifford slew my seed; (*2H6* 5.2.9)
(凶暴な手を持つクリフォードめに馬をやられたのだ)

(103) から (111) の第1要素に見られる dead, full, new, quick, true, wide, willful のうちで，シェイクスピアでは true と wide はそれぞれに対応する -ly 形の副詞 truly と widely は使われていない。次の例に見られるように，wide は同一の形で副詞として使われている。

(114) Is my lord well, that he doth speak so **wide**? (*Ado* 4.1.62)
(どうかなさったのですか，わけのわからぬことばかり言われて？)

ここでは wide が 'far from the truth, in error, mistakenly' の意味を表し，副詞として機能している。

では，シェイクスピアでは上にあげた複合形容詞の第1要素になぜ形容詞か副詞か同定できない形が見られるのであろうか。

現代英語ではほとんどの場合，形容詞と副詞では形が異なるが，エリザベス朝時代には，歴史的理由から，(114) の wide のよう

182

に形容詞と副詞は形態上同じであった。次の古英語の例を見てみよう。

(115) Þa wæs synn ond sacu Sweona ond Geata
then was hostility and strife the Swedes and Geatas
ofer (**w**)**id** wæter
over wide sea (*Beowulf* 2472-2473a)
(＝then hostility and strife was between Swedes and Geatas over the wide sea)
(それから敵意と争いが，広い海を隔てて，スウェーデンとイエーアタスの間で起こった)

(116) Ða ic **wide** gefrægn weorc gebannan
then I far and wide heard work to order
(*Beowulf* 74)
(＝then I heard of the work to be ordered far and wide)
(それから私は作業が広く命じられるのを聞いた)

(115) の (w)id は形容詞であり，[7] (116) の wide は形容詞 wid に副詞派生の接尾辞 -e が付加された副詞である。しかし，この接尾辞 -e には強勢が置かれないので，やがて消滅し形容詞と副詞が同じ語となる。また，次の (117) の widcuþ (＝widely known) のように複合形容詞になると副詞であっても wid のままで変化しない。

(117) **widcuþ** werum, þætte wrecend þa gyt
widely known men that avenger yet then
lifde æfter laþum,
lived after loathame (one) (*Beowulf* 1256-1257a)
(広く知られていた，復讐者がまだ生きてたことが，忌まわしい奴

---

[7] もちろん，副詞の wide は変化しないが，形容詞の wid は語尾変化するので，wide という語形も生じる。

第7章 初期近代英語における複合語の形態的・統語的・意味的特徴　183

の後に)

このような言語的理由から複合形容詞の第1要素に現れる語は形容詞とも副詞とも区別がつかなくなっていると考えられる。もう一つの理由は，エリザベス朝の人たちには，Salmon (1970: 18) も指摘しているように，形容詞と副詞の場合は形容詞に副詞派生の -ly が付加されるという言語的事実にほとんど関心がなかったというものである。その証拠として Salmon (1970) は二つ折り版 (folio) の作成者らの複合語の表記の不統一をあげている。たとえば，ハイフンを用いて heady-rash（性急な）(*Err* 5.1.216) としたり，heavy, thick（重くよどむ）(*Jn* 3.3.43) のようにコンマを用いたり，secret false（秘密を漏らす）(*Err* 3.2.15) のように分けて表記しているのは，彼らが複合語という言語単位に無関心だったからとしている。

　このような事実を考慮すると，エリザベス朝の作家（詩人や劇作家）たちは二つの語からなる言語単位を統語的・意味的な結合 (combination) というよりも韻律的な結合と考えていたのかもしれない。たとえば，(111) の *Sonnets* 51.13-14 からの例を律読すると次のようになる。

　　Since from thee going he went willful-slow
　　Towards thee I'll run, and give him leave to go.

この詩行では slow と go は /ou/ で押韻している。willful-slow（わざとゆっくり，意図的にゆくっり）の willful は副詞として機能していると考えられる。この複合形容詞を willfully-slow とすると willfully-slow というリズムとなり，押韻している slow が弱強勢になり脚韻が成立しなくなると言える。

　韻律上の理由あるいは目的 (metrical reasons or purposes) という点から見ると，シェイクスピアは次のような脚韻を構成する複合語を創造していると言える。

(118) Which gape and rub the elbow at the news
Of **hurly-burly** innovation; (*1H4* 5.1.77-78)
(奴らは暴動のごたごた騒ぎを聞けば口をあんぐりあけて肘をさすっている)

(119) He wears his honor in a box unseen,
That hugs his **kicky-wicky** here at home,
(*AWW* 2.3.279-80)
(家で女房を抱いているような男は暗闇のなかに男としての名誉を埋め込むことになる)

(120) To't, luxury, **pell-mell**, for I lack soldiers. (*Lr* 4.6.117)
(精を出せ，めったやたらに。兵隊がたりない時だ)

(118) の hurly-burly（騒がしい）は -urly で脚韻を形成している複合形容詞，(119) の kicky-wicky（女房）は -icky で脚韻を構成している複合名詞，(120) の pell-mell（いきあたりばったりに）は -ell が脚韻になっている複合副詞である。これらの複合語はシェイクスピアの戯言的な造語と言える。特に pell-mell は *LLL* 4.3.365, *Jn* 2.1.406, *1H4* 5.1.82, *R3* 5.3.312 でも使われており，シェイクスピアが劇的効果をより鮮明にするために考え出した文体的工夫であろう。

第 8 章

語形成と文法化

1. はじめに

　文法化 (grammaticalization) とは，簡単に言えば，語彙的意味をもつ語または語句が文法関係を示す語や接辞などに変化することである。[1] 文法化の概念は Meillet (1958: 131) が最初に次のように述べたことに始まる。

> "[...] l'attribution du caractère grammatical à un mot jadis autonome"
> (かって自立的であった語に文法的性格が与えられること)

たとえば，よくあげられる英語の具体例で言えば，be going to の go は本来「～に行く」という語彙的意味を有する動詞であるが，be going to ではこの意味を失い，後続の to ——この to も本来の方向を示す意味を失っている——と共に近い未来を表す文法的機能をもつ言語的単位となっている。次の引用を参照されたい。

(1) The blossoms **are going to** seed. 　　　(『英和活用大辞典』)
　　(花はもう盛りが過ぎようとしている)　　　　[ボールド体は筆者]

この例で明らかなように，going に「どこかに行く」という意味は全くない。さらに，接続詞の while について見てみよう。

(2) Wæs seo **hwil** micel: 　　　　　　　　　(*Beowulf* 146b)
　　was the time long
　　(= the time was long)
　　(その時間は長かった)

(3) ðat lastede þa xix wintre **wile** Stephne was king,
　　　　　　　　　　　　　　　　　(*Peterb.Chron.* an. 1137/36)

---

[1] もちろん，すべての語や語句に文法化が起きるわけではない。たとえば，色彩語が文法化することはない (Brinton and Traugott (2005: 28) を参照)。

(= that lasted the nineteen years while Stephen was king)
(それはスティーブンが王であった間の 19 年間続いた)

(4) So wol I telle yow, **whil** it is hoot.　　(Chaucer *Tr* 4.1264)
 (= I will tell you, while it is hot)
 (それ (気持ち) が熱い間にお話しましょう)

(5) **Whiles** they each other cross,
 Lives, honors, lands, and all, hurry to loss.

　　　　　　　　　　　　　　　　(Shakspeare *1H6* 4.3.52-3)

 (彼らがいがみ合うあいだ，命も，名誉も，土地も，休みなく失われていくのだ)

(6) **While** there's life, there's hope.
 (命ある限り希望もある)

(7) **While** she appreciated the honor, she could not accept the position.
 (名誉なことだと感謝したが，その地位を受けることはできなかった)　　　　　　　　　　　　　　　　(『ランダムハウス英和大辞典』)

(2) は古英語の例であるが，hwil は名詞であり 'time, space of time'（時間）の意味である。(3) は初期中英語にみられる wile であるが時間を表す接続詞となっている。(4) は後期中英語の whil であるが，やはり時を表す接続詞である。(5) における初期近代英語の whiles も時を示す接続詞である。(6) は現代英語の例であるが，やはり時間を表す接続詞である。(7) の while も接続詞であるが，時間ではなく譲歩的な意味である。(2) から (7) の例では，本来名詞であった while が接続詞となり，その接続詞の意味も現代英語になると「時間」だけではなく「譲歩，反対」などの意味に変化していることである。一方で，この while には in a while（まもなく）や a good while（かなりの間）に見られるように，まだ名詞としての用法も残っている。

　このような文法化の通時的研究について Hopper and Traugott

(2003: 1) は次のように述べている。

> "... that part of the study of language change that is concerned with such questions as how lexical items and constructions come in certain linguistic contexts to serve grammatical functions or how grammatical items develop new grammatical functions."
> (ある言語的文脈においてどのように語彙項目や構文が文法機能を獲得するようになるのか，またどのように文法項目が新しい文法機能を発展させるのかという問題を議論する言語変化研究の一つ)

上記で未来表現の be going to と接続詞の while についての文法化を述べたが，語形成の文法化はどうであろうか。共時的にも通時的にも，私の知る限り，Trips (2009) 以外は語形成の文法化についての研究はほとんどなされていない。Trips (2009) は古英語から存在する接尾辞 -hood, -dom, -ship の通時的変化を文法化と語彙化の観点から詳細に考察したものである。本来これらの接尾辞は語彙的意味を持っていた。すなわち，-hood は 'rank, condition, character'（階級，状態，性質）などの意味であり，-dom は 'position, condition, dignity'（地位，状態，権威）などの意味であり，-ship は 'condition, position, ability'（状態，地位，技能）などの意味を持つ独立語であったが，古英語期にはすでに接尾辞としての機能となっている。

本章では文法化をめぐる理論に関する議論を考察するのが目的ではないので文法化の概念についてこれ以上深入りしない。以下では形容詞を派生する接尾辞 -less (OE leas)，副詞を派生する接尾辞 -ly (OE lice)，および名詞を派生する接尾辞 -ness (OE -nes) の文法化について具体例をあげて考察する。

2. -less の文法化

　この接尾辞は現代英語では名詞または動詞に付加して形容詞を派生する接尾辞としての用法しかないが，古英語では独立語としての less が多く使われている。

(8)　þonne he ælmessan　earmum　　　dæleð,
　　　then　he alms　　　poor people bestow
　　　dugeþa **leasum**
　　　wealth　deprived of　　　　　　(*The Phœnix* 453-454a)
　　　(=then he bestow alms to poor people who have been deprived of wealth)
　　　(そこで彼は富を奪われた貧しい者たちに施しを与える)

(9)　oþþæt burg-wara　breahtma　**lease**
　　　until citizen　　noise　　devoid of
　　　eald enta geweorc idlu　stodon.
　　　old　giant works　empty stood

　　　　　　　　　　　　　　　　　　　(*The Wanderer* 86-87)

　　　(=until devoid of the revelry of the inhabitants, the old works of giants stood empty)
　　　(ついには市民らが酒盛りをすることもなく，昔巨人たちが造ったものは空しいものとなった)

(10)　þurh nið-wræce　　　　nacode þennan
　　　by　severe punishment naked　stretch out
　　　and mid sweopum　swingan synna **lease**.
　　　and with whips　　to beat　sin　devoid of

　　　　　　　　　　　　　　　　　　　(*Juliana* 187-88)

　　　(=he ordered the damsel to be stretched naked, the sinless maid to be scourged with whips)
　　　(冷酷無比にも裸身のまま寝そべらせ，無実の者を鞭で打てと命じ

た)

(11)　… ac　ðær　wunian sceal
　　　　but there dwell　have to
　　　awa to aldre　butan　ende forð
　　　ever for life　without end　forth
　　　in ðam heolstran ham　hyhtwynna **leas**.
　　　in the　dark　home joy　devoid of

(*Judith* 119b-21)

(=[he] has to dwell ever for life without any end in the dark home devoid of joy)

(命の限り永遠に，かの暗黒の住家に，喜びを奪われて住まねばならぬ)

(12)　forþon þe he wæs ealra fyrena **leas**,
　　　becasuse　was all　crimes void

(*Blickling* 135/1-2)

(=because he was void of all crimes)

(彼はすべての罪からのがれたのだ)

(13)　… and nu　eft　gewearð
　　　and now again become
　　　flæsc firena **leas** þæt　seo fæmne gebær
　　　fleash crimes void that　the maiden bore (*Christ* 122b-23)

(=and fleash that the maiden bore becomes void of crimes)

(彼女が産んだ肉体は罪を逃れることになる)

(14)　bitre　burgtunas　　　brerum　beweaxne
　　　sharp protecting hedges　with briars overgrown
　　　wic　　wynna **leas**,
　　　dwelling joys　devoid of　(*The Wife's Complaint* 31-2)

(=the sharp protecting hedges are overgrown with briars or a dwelling devoid of joys)

（鋭い生垣はいばらが生え茂り，喜びを奪われた住居となっている）

(15) Deaðfæge   deog   siððan dreama **leas**
     death-doomed concealed when joy   devoid of
     in fenfreoðo   feorh alegde,
     into fen-refuge life   laid down   (*Beowulf* 850-51)
     (＝the death-doomed man concealed himself when he, devoid of joy, cast his life into the fen)
     （死を定められた者が身を隠したのだった，喜びもなく，沼地の隠れ家に命を投げ捨てたとき）

古英語における leas の意味は 'free from, devoid of, without, deprived of'（～から免れた，～がない，～を奪われた）の意味である。また，(8) から (15) の例を見ると，leas は述語的に用いられ名詞の属格（genitive）を伴っている。これを少し詳しく見てみると次のようになる。

(8) dugeþa: duguþ (f.)（富）の gen.pl. + leasum
(9) breahtma: breahtm (m.)（酒盛り）の gen.pl. + lease
(10) synna: synn (f.)（罪）の gen.pl. + lease
(11) hyhtwynna: hyhtwynn (f.)（喜び）の gen.pl. + leas
(12) fyrena: fyren (f.)（罪）の gen.pl. + leas
(13) firena: fyren (f.)（罪）の gen.pl. + leas
(14) wynna: wynn (f.)（喜び）の gen.pl. + leas
(15) dreama: dream (m.)（喜び）の gen.pl. + leas

以上の例で明らかなように，「名詞の属格＋leas」となっており，接尾辞 -leas となっている場合は見られない。それでは古英語ではまだ leas が接尾辞になっている例は皆無かといえば，次の例がある。

(16) … syððan æðelingas
     when   nobles

feorran   gefricgean fleam eowerne,
from after hear of   flight your
domleasan dæd.
glory-less   dead   (*Beowulf* 2888b-2890a)
(= when the nobles would from after hear of your or gloryless deed)
(貴族たちが遠くからお前たちの逃亡を，その不名誉な行為を耳にすれば)

(17) ... **dreamleas** gebad
      joyless   experienced
þæt he þæs gewinnes weorc prowade,
until he the strife   distress suffered
                                       (*Beowulf* 1720b-1721)
(= he experienced devoid of joy and suffered the distress of the strife)
(彼は喜びもなく過ごし，そのためにかの戦いの難儀に苦しんだ)

(18) ... þam æt sæcce wearð
      to him in battle became
wræcca(n) **wineleasum** Weohstan   bana
exile   friendless   father of Wiglaf killer
                                       (*Beowulf* 2612b-2613)
(= to him in the battle, to the friendless exile the father of Wiglaf became a killer)
(戦闘でその者の，友なき亡命者の，ウェーオホスターンは殺害者になった)

古英語のすべての作品を調べたわけではないが，独立語 leas に比べると -leas 派生語はほとんどなく，しかも見いだされた作品は *Beowulf* のみである。

中英語になると独立語 leas の例はなく -leas 派生語のみとなる。

(19) Herode king …

　…

　Offcwalde, …

　Þa **gilltelæse** chilldre. 　　　　　　　(*Orm*. 8035-38)

　(= King Herode destroyed the guiltless children)

　(ヘロデ王は罪のない子供たちを殺した)

(20) Ðe werewede gastes iseiȝen at ðu naked ware and **helpleas**. 　　　　　　　　　　　　　(*Vices & V.* 23/21)

　(= the evil spirits saw that you were naked and helpless)

　(悪霊どもは汝が何も身に着けておらず無力だと知った)

(21) Vorþi nis neuere mon **redles**

　Ar his horte bo **witles**, 　　　　　　　(*Owl & N.* 691-92)

　(= therefore man is not helpless before his heart is without sense)

　(故に，頭が働く限り，万策尽きることはない)

(22) "Avoy!" quod she, "fy on yow, **hertelees**!

　　　　　　　　　　　　　　　(Chaucer *CT* NPT 2908)

　(= 'Shame!' she said, 'Fie, you are cowardly!')

　(「みっともないわ」と彼女は言った。「まあ嫌だ，臆病な！」)

(23) þat i am **childles** it rews me sare, 　(*Cursor* (Cöt) 10279)

　(= it deeply repents me that I am childless)

　(子供がいないことを大いに悔いている)

MED に基づけば，*Ormulum* は ?c1200, *Vices & Vertues* は a1225 (c1200), *The Owl & the Nightingale* は c1250, *The Canterbury Tales* NPT は c1390, *Cursor Mundi* (Cöt) は a1400 の作品である。この写本年代（制作年代）からみて，初期中英語から後期中英語にかけて，古英語の独立語 leas は完全に接尾辞になっていたことになる。この語彙的意味をもっていた leas が名詞に付加されて形容詞を派生する接尾辞 -leas へと機能的変化しているのを

みると明らかに文法化という現象が起きたと言えよう。では，この変化は何時から始まったのであろうか。

上にあげた (16) から (18) の *Beowulf* の例を見ると，すでに leas の文法化は古英語期に始まっていたのであろう。(17) の dream-leas（喜びもなく）は，(15) の *Beowulf* における dreama leas（喜びもなく）と比較すると興味深い。つまり，*Beowulf* では「名詞 dreama + 独立語 leas」と「名詞 dream + 接尾辞 -leas」が共存しているのである。さらに，すでに述べたように，独立語 leas は常に述語的に用いられて名詞の直後に現れている。すなわち，語順 (word-order) という観点からみると「名詞 + 独立語」→「名詞 + 非独立語」→「名詞 + 接尾辞」になっている。この語順も leas の文法化に貢献していると言えよう。

3. -ly の文法化

副詞を派生する接尾辞 -ly の原義は lic (=body)（身体，肉体，死体）であり，古英語では独立語として使われている。意味変化としては，「身体」→「身体を持った」→「～の実体を持った」→「～に似ている」→「～のような」となる。

(24) no þy ær in gescod
 none the sooner within harm
 halan **lice**;
 sound body (*Beowulf* 1502b-1503a)
 (= none the sooner did she harm his sound body within)
 （彼の健全な身体をまだ内部までは傷つけなかった）

(25) 'Secgað þæt his þegnas gereafodan
 say that disciples took away
 his **lic** on us & forstælan.'
  body from stole (*Blickling* 177/30)

（=(Christ's) disciples took away his body and stole it from us)
(彼（キリスト）の弟子たちが彼の肉体を運び去り，我々からそれを盗んだと言え)

(26) geseah twegen englas ... þær ðæs hælendes **lic**
see two angels where the Savior's body
aled wæs:
laid was (*OE Gospels* John 20:12)
（=two angels were seen where the Savor's body had laid)
(イエスの遺体が横たわっているところに，二人の天使の姿が見えた)

上記の (24) から (26) の例は lic が語彙的意味を持った独立語として使われている。独立語としての例は，*Beowulf* ではほかに 8 例，*The Blickling Homilies* でも 4 例ある。しかし，次のように接尾辞としての例も見られる。

(27) Hwearf þa **hrædlice** þær Hroðgar sæt
went then quickly where Hrothgar sat (*Beowulf* 356)
（=then he went where Hrothgar sat)
(それから彼女はすぐにフロースガールの居る所に向かった)

(28) hie be urum larum **rihtlice**
they according to our teaching rightly
for Gode libbaþ,
for God live (*Blickling* 75/15)
（=they rightly live for God according to our teaching)
(彼らは我々の教えに従って，正しく神のために暮らしている)

このような例があることから，古英語では lic が独立語としての機能と副詞を派生する接尾辞としての機能を持っていたと考えられ

る。なお、この副詞派生接辞 -lice の -e は、次の例が示すように、形容詞を派生する -lic に付加されている副詞形成の接辞である。

(29) **Rihtlic** þæt wæs þæt se blinda
 right it was that the blind man
 be ðæm wege sæte wædliende;
 by the way sat begging　　　　　(*Blickling* 17/30)
 (= right was it that the blind man sat by the way begging)
 (まさに、その盲目の人は物乞いをしながら、道端に座っていた)

以上の事実から、lic は古英語ですでに独立語としての語彙的意味のない単なる副詞を派生する接尾辞に変化しつつあったと思われる。つまり、文法化現象が始まっていたということである。ただし、初期中英語でもまだ独立語としての lic が使われている。

(30) his **lic** wearð gelead to Crulande.
　　　　　　　　　　　　　　(*Peterb.Chron.* an. 1076/5)
 (= his body was taken to Crowland)
 (彼の遺体はクローランドに運ばれた)

(31) 7 on [morg]en byrieden þabott **hehlice**.
　　　　　　　　　　　　　　(*Peterb.Chron.* an. 1154/12)
 (= and they buried the abbot with ceremony in the morning)
 (彼らはその修道院長を朝のうちに丁重に埋葬した)

The Peterborough Chronicle は 1070-1154 年までの年代記であるが、独立語 lic と副詞を派生する接尾辞 -lice が共存していることになり、初期中英語ではまだ完全に文法化しているとは言えない。

ところで、Trips (2009: 2) は現代英語の接尾辞 -hood は次のようなプロセスをたどったとしている。

> free morpheme　→　compound　→　derivative
> OE *had*　　　　ME *child hod*　　ModE *childhood*

しかし，lic には次の例が見られる。

(32) þæt him se **lichoma**　læstan nolde,
　　　that　　　the body　　serve　would not　　(*Beowulf* 812)
　　　(= the body would not serve him)
　　　（肉体が己に従おうとせず）

(33) þæt seo sawl þæs　sar　þrowade
　　　that the soul　　pain suffer
　　　in **lic-homan**
　　　in body　　　　　　　　　　　　(*Saint Guthlack* 408-409a)
　　　(= the soul should suffer so much pain within the body)
　　　（彼の魂が体の中でその苦しみに耐えるべき）

この二つ例に見られる lichoma と lic-homan は「lic（= body）+ homa（= covering）」からなる複合語（古英詩に使われているケニング（kenning））である。文字通りの意味は「身体」と「覆うもの」であるが，「身体＋覆うもの」と合算してもやはり「身体」の意味である。上記の Trips (2009: 2) の図式では hod が第2要素に現れているが，lichoma では lic が第1要素に来ている。したがって，2節の leas はまさに「free morpheme → compound → derivative」のプロセスであるが，lic の場合は少々異なると言える。つまり，次のような図式になる。

> free morpheme　→　compound　→　derivative
> OE　*lic*　　　　　　OE **lic**-*homa*　　OE to Early ME *rihtlice*

(30) と (31) で見たように，*The Peterborough Chronicle* では独立語も使われているが，すでに圧倒的に -lice 派生語が多くなっている。

(34) Se kyng held **stranglice** hem　　(*Peterb.Chron.* an. 1123/82)
　　　(= the king resisted strongly them)
　　　(王は彼らに強く抵抗した)

14世紀以降になると独立語としての lic は1例もなく副詞派生接尾辞 -ly/-liche が確立することになる。

(35) It is **impropreliche** seid,　　　　　(Gower *CA* 5.51)
　　　(= it is improperly said)
　　　(その言葉は間違っている)

(36) I shal nat faille **surely** of my day,　(Chaucer *CT* ShipT 275)
　　　(= I will not fail when time to repay comes)
　　　(お金の返却日はきっと守りますよ)

(37) I shall be ryght **hastely** hole,　　(Malory *Wks.* 1082/16)
　　　(= I shall be quickly in good health)
　　　(私はじきに元気になります)

副詞派生語尾 -lice と形容詞派生語尾 -lic が競合することは，すでに古英語からの例として (28) の rihtlice (adv.) と (29) の rihtlic (adj.) で示したが，この傾向は中英語にも見られる。

(38) And she agayn hym caste a **freendlich** ye
　　　　　　　　　　　　　　　　　(Chaucer *CT* KnT 2680)
　　　(= and she casts a friendly eye toward him in return)
　　　(彼女も彼に親しげな視線を投げた)

(39) Everich of hem heelp for to armen oother
　　　As **freendly** as he were his owene brother;
　　　　　　　　　　　　　　　　　(Chaucer *CT* KnT 1651-52)
　　　(= each of them helped to arm the other as friendly as he were his own brother)
　　　(それぞれまるで実の兄弟であるかのように親しげに相手が甲冑に身を固めるのを手伝った)

(38) の freendlich（親しげな）は形容詞であり古英語の freondlic に相当する。一方，(39) の freendly（親しげに）は古英語の副詞 freondlice に由来する -ly の副詞形である。

4. -ness の文法化

この接尾辞は古英語から存在し，形容詞に付加して，性質・状態・程度などを表す名詞を派生する。また，2 節の leas や 3 節の lic のように独立語として用いられることはない。

(40) Nu he hafaþ ealle þine þeostro mid his **beorhtnesse**
    now he has all thy darkness with his brightness
    geflemed,
    put to flight   (*Blickling* 85/21)
    (＝now he has put all thy darkness to flight with his brightness)
    (今や彼は汝の闇のすべてを彼の明るさで追い払うであろう)

(41) in **annesse** ælde cynne
    in unity   man kind
    þurh þa sciran gesceaft scrifeð bi gewyrhtum
    through bright creation decree   deed
                    (*Juliana* 727-28)
    (＝in unity, for mankind, through the bright creation, decree by deed)
    (一つになって，人間のため，その輝く創造を通して，その行為によって，嘆願してください)

(42) … we to   moten
       thereto might
    in þa ecan **eadignesse**,
    into eternal blessedness   (*The Seafarer* 119b-20)

(＝we might go into the eternal blessedness)
(永遠の幸せに至れるように)

(41) の annesse は形容詞の an (一つの) に接尾辞 -nes が付加されて派生した名詞である。文字通りの意味は「一つのもの」であるので現代英語の数詞 one に -ness が付加されているように見えるが,古英語では「形容詞＋ -nes」の構造である。[2]

中英語になるとノルマン人の英国征服によってフランス語の接辞が英語に流入するが,次の例が示すように,初期中英語では -ness 派生語と競合する -ity 派生語は見られない。

(42) Þar flesch draheþ men to **drunnesse**
     & to wrouehede & to **golnesse**,　　　(*Owl & N.* 1399-400)
     (＝flesh drwas men to drunkness and to perverseness and to lechery)
     (肉体は人を大酒と怒りと色欲に誘う)

(43) And in ðat dred his ðogt was led
     In-to **ligtnesse** for to sen,
     Quow god wulde it sulde ben.　　　(*Gen. & Ex.* 1558-60)
     (＝and in that dread his thought was brought into enlightenment to see how God wishes it should be)
     (恐怖の中で彼の思考は神がそれはどのようあるべきと望んでいるのかを知るために教化された状態へと導かれた)

Dalton-Puffer (1996: 81-84, 106-107) および米倉 (2012: 213-244) によれば, -ity 派生語が頻繁に使われるのは後期中英語以降である。

(44) To drawen folk to hevene by **fairnesse**,
     By good ensample, this was his **bisynesse**.

---

[2] Marchand (1969: 335)は数詞の one に -ness が付加されたと解釈している。

第 8 章　語形成と文法化　201

　　　　　　　　　　　　　　　　　　(Chaucer *CT* GP 519-20)
　　（＝to draw folks heavenward to life forever, by good example, was his effort）
　　（正しい生活と良き手本によって，人々を天国へ導くこと，これが彼の務めであった）

(45)　Syth rym in Englissh hath such **skarsete**,
　　　To folowe word by word the **curiosite**
　　　Of Graunson,　　　　　　　　(Chaucer *Venus* 80-82)
　　（＝since the verse in English has such scarcity to follow word by word the skill of Grandson）
　　（英語の韻文は逐語的にバッラドの詩人グランソンの技巧を一語一語真似るようなものが欠けているので）

(46)　**Sensualite** is a miȝte of oure soule,　　(*Cloud* 118/7)
　　（＝sensuality is the faculty of our soul）
　　（感性は我々の魂の一能力である）

(47)　his wijf forsoþe seide to hym, ȝit forsoþe þou abijdist
　　　stille in þi **symplete**?　　(*WBible* (1) Job (EV) 2:9)
　　（＝his wife said to him, Dost thou still retain thine interity?）
　　（彼の妻は彼に言った，どこまでも無垢でいるのですか？）
　　（LV: sympleness, Vulgate: simplicitate）

(44) の fairnesse は「fair (a.) [OE]「良い」+ -nesse」からなり，「よい手本」，bisynesse は「bisy (a.) [OE]「勤勉な」+ -nesse」からなり，「勤勉，努力」の意味を表しており，基体 (つまり，fair と bisy) からある程度派生語の意味を推測できる。一方，(45) の skarsete は「scares (a.) [OF]「乏しい」+ -ete」，curiosite は「curious (a.) [OF]「熟練した」+ -ite」の構造からなる。(46) の sensualite は「sensual (a.) [OF]「感覚の」+ -ite」の構造である。これらの -ity 派生語の意味はそれぞれの基体の意味から予測困難な点が

ある。特に，(47) の symplete は「simple (a.) [OF]「単純な」+ -ete」からなるが，この -ity 派生語の意味は「無垢」である。ただし，初期訳（Earler Version）の symplete に対して後期訳（Later Version）では sympleness が使われている点を考えると，-ity 派生語が -ness 派生語に比べて意味の透明性が低いと断定できないかもしれない。

以上の例で明らかなように，-ness は語源的にゲルマン語系，ラテン語系のどちらの形容詞にも付加して名詞を形成するが，-ity はラテン語系の語にしか付加しない。中英語で -ity がゲルマン語系の基体に付加しているのは次の例のみである。

(48) I sey nat that honestitee in clothynge of man or womman is uncoverable, but certes the superfluitee or disordinat **scantitee** of clothynge is reprevable.

(Chaucer *CT* ParsT 431)

(= I don't say that modesty in the clothing of a man or a woman is unsuitable, but certainly excessive or immoderately scantiness of clothing is blameworthy)

（私は男女が服装を小奇麗に整えていることがふさわしくないと申しているのではなく，服装を贅沢に凝ったり極度に節約することは，非難に値すると申しているのです）

この例に見られる scantitee は「scant (a.) [ON skamt]「わずかな」+ -itee」の構造になっている。なぜこの語だけがゲルマン語系の基体に -ity が付加されているのか。上記の例では scantitee の前に honestitee と superfluitee という二つの -ity 派生語が使われていることが影響しているのであろう。英語には OED があげている不規則な -ity 派生語がもう 1 例 (1750 年) ある。

(49) All Manner of precious Stones that have been ever valued for their Beauty, Colour, **Oddity**, Curiosity.

(その美しさ，色彩，奇異さ，珍しさ故にこれまで高く評価されているあらゆる種類の宝石)

上に明記したように，-ity も -ness も付加している基体はすべて形容詞である。ところが -ness には，古英語ですでに形容詞以外の基体と結合して名詞を派生している場合が見られる。

(50) of　　hearte forðon utgaas smeaunga yfle morður
from heart for　　go out thoughts　evil murders
uif-giornis derne legra ðiofunta leasa **witnesa** ebolsung
adulteries fornication thefts　false witness blasphemies
(*Lindisfaren Gospels* Matt. 15:19)
(=for out of the heart go out evil thoughts, murders, adulteries, fornications, thefts, false witness, blasphemies)
(悪意，殺意，姦淫，みだらな行い，盗み，偽証，悪口は心から出てくる)

同様の例は中英語以降にも見られる。

(51) þah he were dedlich, … onont his **mennesse**, … he ne losede na lif.　　　　　　　　　　(*St. Kath.* 1115)
(=though he was deadly … against his human nature, … he did not lose his life)
(彼は彼の意に反して致命的な状態であったが，命を失ったのではない)

(52) **Welnes** o welth did þis boteler
For-gete ioseph, his drem-reder;　　(*Cursor* (Cöt) 4501-2)
(=affluence of wealth caused this butler to forget Joseph, his interpreter of dreams)
(あまりの富にこの執事は彼の夢の解読者であるヨセフのことを忘れていた)

(53) He makes a July's day short as December,

And with his varying **childness** cures in me
Thoughts that would thick my blood.

(Shakespeare *WT* 1.2.169-71)

(あの子といると，7月の長い1日も12月のように短くなる。そして子供心の気まぐれで，胸にわだかまるいやな思いを癒してくれるのだ)

また，-ness は古英語から現代英語に至るまで動詞を基体とする語に付加して名詞を派生している。

(54) ðis ic cweðo æfter **forgifnesse**, nales æfter bebodo.
this I said by permission not by commandment
(c900[3] *Bede's Hist.* 82/33-34)
(= I said this by permission, and not by commandment)
(私はこれを命令によってではなく赦免の気持ちから話している)

(55) þonne ne bið þæm seald Drihtnes mildheortnes,
then be to him shall Lord's mercy
ne his synna **forgifnes**;
nor sins forgiveness (*Blickling* 49/24)
(= then neither the Lord's mercy nor forgiveness of sins shall be given to him)
(主の慈悲も罪の許しも彼に与えられないだろう)

(56) The vice of glotonye provoketh lechery; wherof cometh **forgetenes** of his mynde. (1474 Caxton *Chesse* 3.6)
(= the vice of gluttony provokes lechery, of which forgetfulness of his mind comes)
(大食という悪が情欲を引き起こし，そこから彼の忘却が生じる)

[MED からの引用]

(57) Trymenstre **sedness** eke is to respite

---

[3] 制作年を示している。以下同じ。

To places colde of winter snowes white.

(c1450 *Palladius* 1.256)

(= the time of sowing, which ripes in three months is also to respite the places of white winter snow)

(三ヶ月で実になる種をまく季節は冬の白い雪で覆われた大地に一息つかせることでもある)　　　　　　　　　　　[MED からの引用]

(58) Exchange **forgiveness** with me, noble Hamlet.

(Shakespeare *Ham* 5.2.329)

(お互いに許し合いましょう, ハムレット様)

(54) と (55) は古英語からの例である。また (54) の forgifnesse はラテン語の indulgentiam (赦免, 譲歩) からの直訳である。(56) と (57) は中英語からの例であるが, (57) の sedness は OED では「seed (v.) + -ness」, MED では「seed (n.) + -ness」と分析されている。(58) はシェイクスピアの例であるが, 初期近代英語以降も forgiveness はしばしば使われている。

(59) He never admitted his guilt or asked for **forgiveness**.

(*LDCE*)

(彼は決して罪を認めなかったし許しも請うこともなかった)

さらに, OED は接尾辞 -ness は副詞, 疑問詞, 複合語に付加して名詞を形成するとして次のような例をあげている。

(60) The **thereness** or **hereness** was nothing belonging unto God.　　　　　　　　(1674 N. Fairfax *Bulk & Selv.* 45)

(あちこちの存在は神に何ら関係するものではなかった)

(61) … the **whatnesse** of any thing.　　(1611 Florio *Quidita*)

(あらゆる物の基本的本質)

(62) It has no **Whereness**, or **whenness**, …

(1710 De Foe *Public Credit* 6)

(場所も時間もない)

(63) You who ... care nothing about the **whyness** of the what.
(1896 R. Fry *Lett*. 1.116)
(その本質の理由について全く気にしていないあなた)

(64) The house had an air of solidity, and **well-to-do-ness** about it. (1849 Lytton *Caxtons* 2.3)
(その家庭には堅実さと繁栄という雰囲気が漂っていた)

(65) [The] success ... I attribute altogether ... to the **matter-of-factness**, with which it is written.
(1816 J. W. Croker in *C. Papers* 28 Nov.)
(その成功は全く書かれているような事実のおかげだと思っている)

(66) Their list ... suggests cheapness and **up-to-dateness**.
(1891 *Bicycling News* 21 Feb. 113/2)
(それらのリストは安さと現代風を示唆している)

(67) The **short-sightedness** of humane Wisdom.
(1670 *Cotton Espernon* 2.7.320)
(人間の英知の近視眼性)

(68) That God had no pitie nor **kindeheartednesse**.
(1583 Golding *Calvin on Deut*. li. 303)
(神は憐れみも優しさもお持ちでなかったということ)

Marchand (1969: 335-336) は (60) から (63) の例は臨時語だとしているが, (64) から (68) の例は今でもしばしば用いられていると述べている。もう一つ注目すべきは次の例である。

(69) For his art did expresse
A quintessence even from **nothingnesse**.
(a1631 John Danne *A Nocturnal upon St. Lucy's Day* 36)
(彼の技は無からでさえ真髄を引き出すものであった)

(70) I ... blessed God ... for my daughter's **wealnesse**.
(1654 Sir A. Johnston, *Diary* 2.197)

（我が娘の健康のために神の加護を祈った）

(69) の nothingnesse は，後に示すように，現代英語でも使われている。西川（2006: 206）は現代英語の nothingness について，この派生語は形態的には「名詞 + -ness」であるが，-ness が付加されることで名詞である nothing が形容詞になっていると分析している。この分析に基づけば，(70) の wealnesse における weal (= well) が副詞の weal から形容詞 weal（健康な）に変化して「weal (a.) + -nesse」になっているという OED の説明も理解できる。ただし，OED には次の例が見られる。

(71) The stages ... have invariably been from a **nothingness** of ignorant impotence to a little **somethingness** of highly self-conscious, arduous performance.

(*Universal Review* 15 June 247)

（その段階は必ず無知無力なものからかなり自意識過剰な行為というものになっている）

OED では nothingness も somethingness もともに「名詞 + -ness」の構造とされている。

また，形容詞以外の基体に付加する -ness について，OED に引用されている次のような例がある。

(72) Teacher Foote reports that -*ness* added to nouns, pronouns, verbs, and phrases—a custom thought until now to be mostly whimsical, as in **whyness**, and **everydayness**—has become popular among distinctly unjocose people.

(1962 *Time* 11 May 70)

（フート先生は，は名詞，代名詞，動詞，句に付加された -ness は—*whyness* や *everydayness* におけるように今日まで一般に風変わりだと考えられてきた慣習—明らかに真面目な人たちの間で好まれるようになってきていると報告している）

この引用は Marchand (1969) が臨時語だとしている whyness および everydayness の例であるが，OED は例をあげる形でこの種の -ness 派生語が 20 世紀後半に一般的であったと述べているようである。

これまで述べてきたことで言えるのは，接尾辞 -ity はほとんどラテン語系の形容詞に付加されるが，接尾辞 -ness はラテン語系であろうとゲルマン語系であろうと，形容詞以外の基体，つまり名詞，動詞，複合語にもかなり自由に付加されていることである。[4] たとえば，nothingness の初例は 1631 年頃であるが，この語は，次のように，今日でも使われている。

(73) The **nothingness** of it all overwhelmed him.　　(NOAD)
(そのあまりのくだらなさに彼はどうしてよいか分からなかった)

(74) A strong sense of **oneness** is felt with all things.　(NOAD)
(すべてのものに強い単一性が感じられる)

(75) When you come right down to it, stress affects every aspect of **wellness**.　　(NOAD)
(まさにその段になると，ストレスが心身の健康のあらゆる面に影響する)

このような事実を考慮すると，接尾辞 -ness は現代英語ではほとんどその語彙的意味が消滅し，単に名詞を形成する文法的形式に過ぎないと考えられる。つまり，文法化していると言えよう。

---

[4] 並木 (1985: 45) および並木 (2009: 136) でも現代英語では -ness が単純形容詞や形容詞化した分詞だけではなく，複合語などさまざまな基体に付加されるとして，everydayness (日常性)，kind-heartedness (心が優しいこと)，matter-of-factness (実際的なこと)，up-to-dateness (最新であること)，rough-and-readiness (ぞんざいなこと) などの例をあげている。

あ と が き

　英語における語彙の拡大および語の意味変化を明らかにするには，語形成の通時的な調査・分析が必要である。概略的に言えば，英語は古英語期にはラテン語の影響はあったが，ほとんどアングロ・サクソンの純粋な言語であった。ところが1066年のノルマン人の英国征服という歴史的事件によりその姿を大きく変えることになった。すなわち，フランス語を中心としたラテン語系の語が大量に英語に流入したのである。したがって，中英語期の英語の語彙は古英語期のそれとはかなり異なるものとなる。また，古英語の韻文は頭韻詩であったが，中英語になるとフランス語の影響により，脚韻詩が主流になる。この頭韻詩から脚韻詩への変化は語形成に大きな変化をもたらすこととなる。つまり，古英語では頭韻を形成する必要から複合語が頻繁に用いられたが，中英語における語形成では脚韻と韻律の必要から，さらには古フランス語があまり複合語を好まなかったこともあり，接頭辞および接尾辞による派生語が多く用いられるようになる。この傾向は初期近代英語にも言えるが，シェイクスピアは同時代の作家に比べるとかなり多くのさまざまな型の複合語を用いている。

　また，文法化という概念から英語の語形成を見た場合，古英語期には主として独立語であった語がその語彙的意味を失って，単なる文法的形式の接辞へと変化している現象が見られる。

　これまで本書で取り上げたいくつかの事例で明らかなように，英語の語形成を歴史的に見た場合，さらなる綿密な調査・分析を必要とする多くの課題があると言えよう。

参考文献

テクスト：

Arngart, Olof (ed.) (1968) *The Middle English Genesis and Exodus*, C. W. K. Gleerup, Lund. [*Gen. & Ex.*]

Barron, W. R. J. (ed.) (1974) *Sir Gawain and the Green Knight*, Manchester University Press, New York. [*GGK*]

Benson, Larry Dean (ed.) (1987) *The Riverside Chaucer*, 3rd ed., Houghton Mifflin, Boston; Oxford University Press, London, 1988.

Blake, Norman F. (ed.) (1970) *Caxton: The History of Renard the Fox*, (EETS 263), Oxford University Press, London and Others. [Caxton *Renard*]

Brook, G. L. and R. F. Leslie (eds.) (1963) *Laʒamon Brut*, (EETS 250), Oxford University Press, London and Others.

Clark, Cecily (ed.) (1970) *The Peterborough Chronicle 1070-1154*, Clarendon Press, Oxford. [*Peterb.Chron.*]

D'Ardenne, S. R. T. O. and E. J. Dobson (eds.) (1981) *Seinte Katerine: Re-Edited from MS Bodley 34 and the Other Manuscripts*, (EETS SS 7), Oxford University Press, London and Others. [*St.Kath.*]

Day, Mabel (ed.) (1952) *The English Text of the* Ancrene Riwle, (EETS OS 225), Oxford University Press, London and Others.

Dedeck-Héry, Louis Venceslas (ed.) (1952) "Boethius' *De Consolatione* by Jean de Meun, *Li Livres de Confort de Philosophie*," *Mediaeval Studies* 14, 165–75.

Evans, Blakemore (ed.) (1997) *The Riverside Shakespeare*, Houghton Mifflin, Boston.

Fulk, R. D., Robert E. Bjork, and John D. Niles (eds.) *Klaeber's Beowulf*, 4th ed., University of Toronto Press, Toronto & Others. [*Beowulf*]

Gollancz, Israel (ed.) (1895) *The Exeter Book*, Part I, (EETS OS 104), Oxford University Press, London & Others, Kraus Reprint, 1978. [*Christ, Saint Guthlac, The Phœnix, Saint Juliana, The Wanderer*]

Hodgson, Phyllis (ed.) (1973) *The Cloud of Unknowing*, (EETS OS

218), Oxford University Press, London and Others. [*Cloud*]

Holt, Robert (ed.) (1878) *The Ormulum, with the Notes and Glossary of R. M. White*, 2 vols., Clarendon Press, Oxford. [*Orm.*]

Holthausen, F. (ed.) (1976) *Vices and Virtues*, Oxford University Press, London and Others. [*Vices & V.*]

Kaske, Carol V., Erik Gray, Dorothy Stephens, Abraham Stoll, and Andrew Hadfield (eds.) (2006-2007) *Edmund Spenser: The Faerie Queene*, 5 vols., Hackett, Indianapolis/Cambridge. [*FQ*]

Leslie, R. F. (ed.) (1966) *Three Old English Elegies*, Manchester University Press, London.

Lindberg, Conrad (ed.) (1959-1973) *MS. Bodley 959: Genesis-Baruch 3.20 in the Earlier Version of the Wycliffite Bible*, 6 vols., Almqvist & Wiksell, Stockholm. [*WBible* (1)]

Liuzza, R. M. (ed.) (1994) *The Old English Version of the Gospels*, (EETS), Vol. I, Oxford University Press, London and Others. [*OE Gospels*]

Macaulay, G. C. (ed.) (1900 & 1901) *The English Works of John Gower*, (EETS ES 81 & 82), 2 vols., Oxford University Press, London and Others. [Gower *CA*]

Mackie, W. S. (ed.) (1958) *The Exeter Book*, Part II, Oxford University Press, London and Others, Kraus Reprint, 1978. [*The Seafarer*, *The Wife's Complaint*]

Miller, Thomas (ed.) (1959) *The Old English Version of Bede's Ecclesiastical History of the English People*, (EETS OS 95), Part I, 1, Oxford University Press, London and Others. [*Bede's Hist.*]

Morris, Richard (ed.) (1874-80) *The Blickling Homilies*, Oxford University Press, London and Others. [*Blickling*]

Morris, Richard (ed.) (1874-92) *Cursor Mundi*, 7 parts, Oxford University Press, London. [*Cursor*]

Morris, Richard (ed.) (1965) *Early English Alliterative Poems*, (EETS OS 1), Oxford University Press, London and Others.

Plummer, Charles (ed.) (1952) *Two of the Saxon Chronicles*, 2 vols., Clarendon Press, Oxford. [*Saxon Chron.*]

Schmidt, A. V. C. (ed.) (1997) *William Langland's The Vision of Piers Plowman: The B-Text*, J, M. Dent, London and Melbourne. [*PPl.B.*]

Seymour, M. C. (ed.) (1967) *Mandeville's Travels*, Clarendon Press, Ox-

ford. [*Mandev*.]
Skeat, Walter W. (ed.) (1970) *The Gospel According to Saint Matthew and According to Saint Mark*, Bissenschaftliche Buchgesellschaft, Darmstadt. [*Lindisfaren Gospels*]
Stanley, Eric Gerald (ed.) (1972) *The Owl and the Nightingale*, Manchester University Press, London. [*Owl & N.*]
Stewart, H. F., E. K. Rand, and S. J. Tester (eds. & trans.) (1973) *Boethius Tractates, De Consolatione Philosophiae* (Loeb Classical Library), William Heinemann, London and Harvard University Press, Cambridge, Massachusetts.
Timmer, B. J. (ed.) (1966) *Judith*, Methuen, London.
Vinaver, Eugène (ed.) (1973) *The Works of Sir Thomas Malory*, 3 vols., Clarendon Press, Oxford. Revised by P. J. C. Field, 1990. [Malory *Wks*.]
Windeatt, Barry E. (ed.) *Troilus and Criseyde*, Clarendon Press, Oxford.

辞書：

Bosworth, J.and T. N. Toller (eds.) (1921) *An Anglo-Saxon Dictionary*, 2 vols., Oxford University Press, London.
Hall, John Richard Clark (ed.) (1960) *A Concise Anglo-Saxon Dictionary*, Cambridge University Press, Cambridge. Reprinted by University of Toronto Press, Toronto and Others, 2004.
市川繁治郎(編)(1995)『新編　英和活用大辞典』研究社，東京．
国廣哲弥ほか(編)(1993)『ランダムハウス英和大辞典』小学館，東京．
Kurath, Hans, Sherman McAlister and Robert E. Lewis (eds.) (1952-2001) *Middle English Dictionary*, University of Michigan Press, Ann Arbor. [MED]
Longman (2003) *The Longman Dictionary of Comtemporary English*, Pearson Education, London. [LDCE]
McKean, Erin (ed.) (2005) *The New Oxford American Dictionary*, 2nd ed., Oxford University Press, Oxford & New York. [NOAD]
Simpson, John A. and Edmund S. C. Weiner (eds.) (1989) *The Oxford English Dictionary*, Oxford University Press, Oxford. (CD-ROM 3-1 Version) [OED]
寺澤芳雄(編)(1997)『英語語源辞典』，研究社，東京．

翻訳著：

羽染竹一（訳）(1985)『古英詩大観』，原書房，東京.

樋口昌幸（訳）(1991)『チョーサー　哲学の慰め』，渓水社，広島.

伊藤正義（訳）(1980)『恋する男の告解』，篠崎書林，東京.

苅部恒徳・小山良一（編著・訳）(2007)『古英語叙事詩　ベーオウルフ』，研究社，東京.

木村建夫（訳）(2001)『ウィリアム・キャクストン　きつね物語』，南雲堂，東京.

大塚定徳・村里好俊（訳）(2011)『新訳　シェイクスピア詩集』，大阪教育図書，大阪.

境田進（訳）(1992)『ガウェイン詩人全訳詩集』，小川図書，東京.

境田進（訳）(1997)『チョーサー　薔薇物語』，小川図書，東京.

佐々部英男（訳）(1975)『梟とナイチンゲール』，あぽろん社，京都.

笹本長敬（訳）(1998)『チョーサー　初期夢物語詩と教訓詩』，大阪教育図書，大阪.

笹本長敬（訳）(2002)『カンタベリー物語』，英宝社，東京.

笹本長敬（訳）(2012)『トロイルスとクリセイデ』，英宝社，東京.

高橋博（訳）(2008)『ベーダ　英国民教会史』，講談社，東京.

和田勇一（監修）(1969)『スペンサー　妖精の女王』，文理書院，東京.

研究書・論文：

Adams, Valerie (1973) *An Introduction to Modern English Word-Formation*, Longman, London.

Adams, Valerie (2001) *Complex Words in English*, Pearson Education, London.

Allen, Margaret (1978) *Morphological Investigations*, Doctoral dissertation, University of Connecticut.

Aronoff, Mark (1976) *Word Formation in Generative Grammar*, MIT Press, Cambridge, MA.

Aronoff, Mark (1980) "Contextuals," *Language* 56, 744–758.

Aronoff, Mark and Nanna Fuhrhop (2002) "Restricting Suffix Combinations in German and English: Closing Suffixes and the Monosuffix Constraint," *Natural Language and Linguistic Theory* 20, 451–490.

Barber, Charles (1976) *Early Modern English*, (The Language Library), Andre Deutsch, London.

Bauer, Laurie (2005) "Productivity: Theories," *Handbook of Word-*

Formation, ed. by Pavol Štekauer and Rochelle Lieber, 335–349, Springer, Dordrecht.

Baugh, Albert C. and Thomas Cable (2002) *A History of the English Language*, 5th ed., Routledge, Abingdon.

Blake, N. F. (1983) *Shakespeare's Language: An Introduction*, Macmillan, London.

Booij, Geert, Christian Lehmann, Joachim Mugdan and Stavros Skopeteas (eds.) (2004) *Morphology*: *An International Handbook on Inflection and Word-Formation*, Vol. 2, Walter de Gruyter, Berlin and New York.

Bradley, Henry (1904) *The Making of English*, Macmillan, London. [Revised by Simeon Potter, 1968.]

Brinton, Laurel J. and Elizabeth Closs Traugott (2005) *Lexicalization and Language Change*, Cambridge University Press, Cambridge.

Brook, G. L. (1976) *The Language of Shakespeare*, Andre Deutsch, London.

Burnley, David (1992) "Lexis and Semantics," *The Cambridge History of the English Language*, Vol. II: 1066–1476, ed. by Norman Blake, 409–499, Cambridge University Press, Cambridge.

Crystal, David and Ben Crystal (eds.) (2002) *Shakespeare's Words: A Glossary & Language Companion*, Penguin Books, London.

Dalton-Puffer, Christiane (1996) *The French Influence on Middle English Morphology: A Corpus-Based Study of Derivation*, Mouton de Gruyter, Berlin and New York.

Eagleson, Robert D. (enlarged) (1986) *A Shakespeare Glossary*, Clarendon Press, Oxford.

Elliott, Ralph W. V. (1974) *Chaucer's English*, Andre Deutsch, London.

Elliott, Ralph W. V. (1984) *Thomas Hardy's English*, Basil Blackwell, London.

Emonds, J. (1973) "The Derived Nominals, Gerunds, and Participles in Chaucer's English," *Issues in Linguistics: Papers in Honor of Henry and Renee Kahane*, ed. by B. B. Kachru et al., 185–198, University of Illinois Press, Illinois.

Fisiak, Jacek (1965) *Morphemic Structure of Chaucer's English*, University of Alabama Press, Alabama.

Franz, Wilhelm (1939) *Die Sprache Shakespeares in Vers und Prosa*,

Max Niemeyer Verlag, Halle/Saale.

Görlach, Manfred (1990) *Studies in the History of the English Language*, Carl Winter & Universitätsverlag, Heidelberg.

Hopper, Paul J. and Elizabeth Closs Traugott (2003) *Grammaticalization*, 2nd ed., Cambridge University Press, Cambridge.

Hussey, S. S. (1982) *The Literary Language of Shakespeare*, Longman, London.

Iacobini, Claudio (2000) "Base and Direction of Derivation," *Morphology: An International Handbook on Inflection and Word-Formation*, ed. by Geert Booij, Christian Lehmann and Joachim Mugdan, 865–876, Walter de Gruyter, Berlin and New York.

伊藤たかね・杉岡洋子 (2002)『語の仕組みと語形成』, 研究社, 東京.

Jefferson, Bernard L. (1965) *Chaucer and the Consolation of Philosophy of Boethius*, Haskell House, New York.

Jespersen, Otto (1938) *Growth and Structure of the English Language*, Basil Blackwell, London.

Jespersen, Otto (1942) *A Modern English Grammar on Historical Principles*, Part VI: Morphology, Ejnar Munksgaard, Copenhagen.

影山太郎 (1996)『動詞意味論』(日英語対照研究シリーズ 5), くろしお出版, 東京.

Kageyama, Taro (1997) "Denominal Verbs and Relative Salience in Lexical Conceptual Structure," *Verb Semantics and Syntactic Structure*, ed. by Taro Kageyama, 45–96, Kurosio Publishers, Tokyo.

影山太郎・由本陽子 (1997)『語形成と概念構造』(日英語比較選書 8), 研究社出版, 東京.

影山太郎 (1999)『形態論と意味』, くろしお出版, 東京.

Kastovsky, Dieter (1968) "Old English Deverbal Substantives Derived by Means of a Zero Morpheme," Inaugural-dissertation, Bruno Langer Verlag, Esslingen.

Kastovsky, Dieter (1982) *Wortbildung und Semantik*, Francke Verlag, Bern und München.

Kastovsky, Dieter (1992) "Semantics and vocabulary," *The Cambridge History of the English Language*, Vol. I: The Beginnings to 1066, ed. by Richard M. Hogg, 290–408, Cambridge University Press, Cambridge.

Kastovsky, Dieter (2009) "Typological Changes in Derivational Morphology," *The Handbook of the History of English*, ed. by Ans van Kemenade and Bettelou Los, 151–176, Blackwell, Oxford.

Kerkhof, J. (1982) *Studies in the Language of Geoffrey Chaucer*, Leiden University Press, Leiden.

久野暲・高見健一 (2007)『謎解きの英文法』, くろしお出版, 東京.

近藤健二・藤原保明 (1993)『古英語の初歩』(英語学入門講座 4), 英潮社, 東京.

桑原輝男・高橋幸雄・小野塚裕視・溝越彰・大石強 (1985)『音韻論』(現代の英文法 3), 研究社, 東京.

Langacker, Ronald W. (1987) *Foundations of Cognitive Grammar*, Vol. I: Theoretical Prerequisites, Stanford University Press, Stanford.

Leech, Geoffrey, Paul Rayson and Andrew Wilson (2001) *Word Frequencies in Written and Spoken English: Based on the British National Corpus*, Pearson Education, Harlow.

Lieber, Rochelle (2004) *Morphology and Lexical Semantics*, Cambridge University Press, Cambridge.

Lloyd, Cynthia (2011) *Semantics and Word Formation*: *The Semantic Development of Five French Suffixes in Middle English*, Peter Lang, Oxford and Others.

Machan, Tim William (1984) *Chaucer as Philologist: The* Boece, Doctoral dissertation, University of Wisconsin-Madison.

Marchand, Hans (1969) *The Categories and Types of Present-Day English Word-Formation: A Synchronic-Diachronic Approach*, C. H. Beck'sche Verlagsbuchhandlung, München.

Masui, Michio (1964) *The Structure of Chaucer's Rime Words*, Kenkyusha, Tokyo.

Meillet, Antoine (1958) "L'evolution des formes grammatical -es," *Linguistique historique et linguistique générale*, Tome I, ed. by Antoine Meillet, 130–148, Klincksieck, Paris.

水鳥喜喬・米倉綽 (1997)『中英語の初歩』(英語学入門講座 5), 英潮社, 東京.

Morita, Junya (1995) "Lexicalization by Way of Context-Dependant Nonce-Word Formation," *English Studies* 76, 468–473.

Mühleisen, Susanne (2010) *Heterogeneity in Word-Formation Patterns*: *A Corpus-Based Analysis of Suffixation with -ee and Its Productivity in English* (Studies in Language Companion Series 118), John Benjamins, Amsterdam.

Nagano, Akiko (2008) *Conversion and Back-Formation in English*, Kaitakusha, Tokyo.

中尾俊夫 (1972)『英語史 II』(英語学大系 9), 大修館書店, 東京.

Nakao, Toshio (1978) *The Prosodic Phonology of Late Middle English*, Shinozaki Shorin, Tokyo.

中尾俊夫 (2003)『変化する英語』, 児馬修・寺島廸子(編), ひつじ書房, 東京.

並木崇康 (1985)『語形成』(新英文法選書 2), 大修館書店, 東京.

並木崇康 (2009)『単語の構造の秘密』, 開拓社, 東京.

Nevalainen, Terttu (1999) "Early Modern English Lexis and Semantics," *The Cambirdge History of the English Langauge*, Vol. III: 1476-1776, ed. by Roger Lass, 332-458, Cambridge University Press, Cambridge.

西川盛雄 (2006)『英語接辞研究』, 開拓社, 東京.

大石強 (1988)『形態論』(現代英語学シリーズ 4), 開拓社, 東京.

Palmer, Chris C. (2009) *Borrowings, Derivational Morphology, and Perceived Productivity in English, 1300-1600*, Doctoral dissertation, University of Michigan.

Plag, Ingo (2003) *Word-Formation in English*, Cambridge University Press, Cambridge.

Quirk, Randolph, Sidney Greenbaum, Geoffrey Leech and Jan Svartivk (1985) *A Comprehensive Grammar of the English Language*, Longman, London.

Salmon, Vivian (1970) "Some Functions of Shakespearian Word-Formation," *Shakespeare Survey* 23, 13-26.

Sauer, Hans (1992) *Nominalkomposita im Frühmittelenglischen*, Max Niemeyer Verlag, Tübingen.

Schäfer, Jürgen (1980) *Documentation in the O.E.D.*, Clarendon Press, Oxford.

島村礼子 (1990)『英語の語形成とその生産性』, リーベル出版, 東京.

島村礼子 (2014)『語と句と名付け機能』, 開拓社, 東京.

Spencer, Andrew and Arnold M. Zwicky (eds.) (1998) *The Handbook of Morphology*, Blackwell, London.

Štekauer, Pavol (1996) *A Theory of Conversion in English*, Peter Lang, Frakfurtam Main and Others.

Terasawa, Jun (1994) *Nominal Compounds in Old English* (Anglistica 27), Rosenkilde and Bagger, Copenhagen.

Tottie, Grunnel (1980) "Affixal and Non-affixal Negation in English—Two Systems in (Almost) Complementary Distribution," *Studia Linguistica* 34, 101-23.

Trips, Carola (2009) *Lexical Semantics and Diachronic Morphology: The Development of* -hood, -dom, and -ship *in the History of English*, Max Niemeyer Verlag, Tübingen.

宇賀治正朋 (2000)『英語史』(現代の英語学シリーズ 8), 開拓社, 東京.

米倉綽 (1993)「チョーサーの英語: その語形成」『英語青年』(12 月号), 441-444.

米倉綽 (2002)「チョーサーにおける派生語形成―特に脚韻との関係から―」『京都府立大学学術報告』54 号, 41-53.

米倉綽 (2004)『チョーサーにおける語形成についての記述的研究』, 博士論文 (筑波大学).

Yonekura, Hiroshi (2006) "Some Considerations on Class I Affixes and Class II Affixes in Early English," *Bonds of Language: A Festschrift for Dr. Yasuaki Fujiwara on the Occasion of His Sixtieth Birthday*, 383-396, Kaitakusha, Tokyo.

米倉綽 (編) (2006)『英語の語形成―通時的・共時的研究の現状と課題―』, 英潮社, 東京.

Yonekura, Hiroshi (2011) "Compound Nouns in Late Middle English: Their Morphological, Syntactic and Semantic Description," *From Beowulf to Caxton: Studies in Medieval Languages and Literature, Texts and Manuscripts*, ed. by Matsushita Tomonori, A. V. C. Schmidt and David Wallace, 229-259, Peter Lang, Frankfurt am Main and Others.

米倉綽 (2012)「後期中英語における接尾辞の生産性― -ity と -ness の場合」『ことばが語るもの』, 米倉綽(編), 213-248, 英宝社, 東京.

Zbierska-Sawala, Anna (1993) *Early Middle English Word Formation*, Peter Lang, Frankfurt am Main and Others.

索　引

1. 日本語はあいうえお順で，英語で始まるもの（OED と MED は除く）は ABC 順で最後に一括してあげている。
2. 数字はページ数を示す。

事　項

[あ行]

位置動詞　65, 75
意味拡張　179
意味的特徴／意味特徴　2, 65, 67, 69, 70, 75
意味無指定アプローチ　68
意味論　5
韻律　2, 11, 19, 23, 24, 42, 59, 91, 92, 172, 209
韻律分析　10, 40
韻文　22, 44, 59, 92, 116, 119, 125, 130, 167, 209
MED　40, 41, 63, 114, 115, 123, 129, 193, 204, 205
OED　40, 41, 50, 70, 104-106, 114, 115, 123, 129, 136, 146, 149, 202, 205, 207, 208
音韻同化　11

[か行]

書き言葉　84
過去分詞　33, 35, 36, 85, 86, 121, 155, 160, 173
外心構造　146, 147
慣習化　78
期間動詞　65
基体　7, 8, 11, 55-58, 60, 62, 63, 67, 85, 114-116, 123, 126, 133, 136-139, 141, 144, 201-204, 207
規定要素　6, 7, 23, 55, 146, 167, 170
起点動詞　66, 75
機能的変化　193
規範化　78, 79, 81
脚韻／脚韻語　38, 39, 46, 51, 52, 91, 112, 116, 119, 124, 125, 130, 134, 135, 138, 139, 141, 183, 184
脚韻詩　26, 209
近接性　180
逆形成　2
強勢移動　8, 58, 59
屈折形態論　4
屈折接辞　4, 7, 120, 121, 127, 128, 129
屈折接尾辞　4, 121, 173
具体名詞　76

221

クラスI（接辞） 7-10, 12, 14, 59, 112, 118
クラスII（接辞） 7-10, 12-15, 112, 118, 119, 129
クラスII接頭辞 8, 15
クラスII接尾辞 8, 12, 13, 15, 127
経験者動詞 65
形態音韻的(変化) 8
形態素 8, 14
形態的・音韻的変化 11, 14
形態的・語源的素性 112
形態的構造／形態構造 6, 13, 15, 28, 46, 55, 56, 114, 129, 130, 136, 138, 140, 141, 159, 171
形態的・統語的・意味的特徴 146
形態論 3-5
軽動詞 54
形容詞化した過去分詞 155, 157, 158, 160, 165, 166
形容詞化した現在分詞 157, 160, 162, 163, 165, 166
形容詞句 161, 179
ケニング（代称法） 23, 24, 197
共成語 151
ゲルマン語（系） 46, 76, 85, 112, 113, 124, 141, 149, 202, 208
限定複合語 30, 31
現在分詞 33, 35, 36, 45, 85, 86, 126, 127, 154, 163
現代英語 2, 3, 6, 7, 15, 18, 28, 54, 59, 78, 79, 81, 85, 104-106, 109, 110, 122, 127, 133, 138, 150, 179, 181, 187, 189, 196, 200, 204, 207
項／項構造 58, 59
後期中英語 28, 57, 70, 76, 97, 115, 168, 187, 193, 200
拘束形態素 61
後置構文 108
古英語 2, 6-10, 15, 19, 21, 23-25, 27, 29, 30, 33, 85, 122, 124, 130, 139, 146, 187-189, 191, 194, 195, 198, 199, 203-205, 209
古ノルド語 149
古フランス語 3, 26-28, 42-46, 48, 76, 95-97, 113, 130, 134, 135, 138, 139, 141, 149, 168
混合動詞 66
語彙化 2, 5, 18, 25, 78, 79, 81, 188
語彙項目 68, 69
語彙的意味 186, 188, 193, 195, 196, 208, 209
語彙的欠如 104, 105
語彙目録 68, 69
語彙論 5
語彙概念構造 66, 67, 75
語幹 7, 117, 118
語形成 2-4, 6, 34, 55, 57, 120, 173, 188, 209
語形成規則 78
語源的素性／語源的要素 149, 150, 152-155, 158-160, 167, 168
語根 7
語順 172
語頭音 11
語用論(的) 68
語用論的アプローチ 67

[さ行]

再編入 68

散文　21, 44, 94, 116, 124, 130, 154, 164, 165, 167
散文的言語　36
色彩語　133, 186
詩的言語／詩的用語　27, 36
写字生　25
写本　12, 25
借用語　115
主格補語構文　98
弱強5歩格　40, 42, 93, 172
出産動詞　67
受動構文　102, 122
主要語　6, 100
初期中英語　57, 126, 187, 193, 196, 200
初期近代英語／近代英語　3, 6, 9, 13, 14, 30, 32, 57, 81, 146, 187, 205, 209
深層構造　152
新造語　70, 78
生産性　2, 3, 85, 122
接頭辞　2, 3, 9, 11, 56, 85, 86, 118, 119, 146, 168, 209
接辞付加　2, 6, 8, 54-56, 62
接辞派生　2
接尾辞　2, 3, 6, 9-13, 38, 40, 41, 44, 46, 47, 50, 52, 56, 58, 60, 62, 112-115, 118-121, 124, 125, 128, 133-139, 143, 144, 159, 167, 168, 173, 174, 176, 177, 179, 188, 189, 191, 193-196, 200, 205, 208, 209
ゼロ形態素　2, 55-57
ゼロ接尾辞　55, 56
相関構文　88, 89, 106, 107
阻止現象　2

造語法　33

[た行]

多音節語　54
単音節語　76
単純語　12, 18, 86
短母音音節　24
抽象名詞　76
中英語　2, 3, 6-11, 15, 26-28, 59, 63, 70, 77, 105, 109, 119, 120, 126-129, 135, 140, 173, 174, 192, 198, 202, 203, 205, 209
着点動詞　65, 75
通時的(研究)　3, 187
転換／ゼロ派生／機能推移　2, 3, 54-57, 60, 61, 69, 155
転換の方向(性)　55, 62, 63
転換複合語　35
転換名詞　54
デフォルト　63
等位構文　89
頭韻　20-24, 27
頭韻詩　26, 146, 209
頭韻詩復興　26
統語体　6, 55, 146
統語的結合　18-20
統語的・意味的基準　2
統語的・意味的特徴　168
統語的特徴　2
動作主接尾辞／動作を表す接尾辞　4, 6, 171
動作主名詞　65, 75, 150, 165
動詞句　153, 161-164, 171, 172
動詞転換名詞　155, 165

道具動詞　66, 74, 75

[な行]

内心構造　30, 147
認知言語学／認知文法理論　2, 133
ノルマン人の英国征服　26, 27, 30, 76, 146, 168, 200, 209

[は行]

剥奪動詞　67
派生形態論　4, 5
派生語　2, 6, 7, 12, 30, 39, 42, 43, 48, 50-52, 56, 63, 93, 114, 118, 124, 168, 200-202, 209
派生接辞　4, 7, 120, 127
派生接尾辞　121, 173
話し言葉　84
反復表現　100
比較構文　88
被規定要素　6, 7, 23, 55, 146, 167, 170
否定語　84, 85, 90, 96, 97, 105-109
否定接辞　85
否定接辞付加語　84-95, 97-103, 106-109
比喩的表現／メタファー　179
メトニミー　180
品詞　4, 5, 54-56, 58
複合語　2, 5-7, 9, 12, 13, 15, 20-27, 30-32, 127, 146-157, 159-161, 164, 165, 167-171, 179, 183, 184, 197, 208
複合形容詞　2, 30-36, 149, 156-164, 166-169, 180-184
複合副詞　30, 146, 164, 166-168, 184
複合名詞　2, 6, 9, 19, 22, 24, 25, 28-32, 62, 146, 149, 151, 153-156, 158, 162, 166-168, 171-173, 184
複合動詞　30, 149, 164-168
副詞句　162
副詞派生接辞　196, 198
プロトタイプ　133
物材動詞　65, 66, 71, 75
文体的特徴　23
文体的効果　81, 101, 102
文法化　186-188, 194, 196, 199, 208, 209
並列構造　169
ヘルシンキ・コーパス　3
翻訳借用　130
本来語　130, 134
母音交替　156

[ま行]

無強勢音節　24
名詞句　18, 20, 28-30
名詞転換動詞／転換動詞　57, 60, 63, 64, 66-68, 70, 72-77, 80, 81
メトニミー　180
目的語補語構文　99, 107

[ら行]

ラテン語(系)　27, 30, 44, 50, 76, 85, 95-97, 112, 113, 117, 119, 124-126, 130, 134, 138, 139, 141,

146, 149, 168, 202, 205, 208, 209
臨時語　69, 70, 77-81, 206, 208
ロマンス語(系)　58, 149

人　名

伊藤　52
伊藤・杉岡　2, 63
宇賀治　127
大石　2, 8, 18, 57, 63
影山　54, 65, 66, 180
影山・由本　2, 65-69, 75
久野・高見　109
ガワー　51, 52, 124
木村　98
キャクストン　12
桑原ほか　86, 127
境田　42
笹本　4, 47
シェイクスピア　13, 14, 30, 32, 35, 36, 79, 146-149, 167-169, 172-174, 179-181, 183, 184, 205
島村　2, 28
スペンサー　35, 36
チョーサー　4, 10-12, 38-44, 46-52, 57, 64, 69, 70, 76, 79, 80, 85, 94, 95, 97, 98, 105-107, 112, 117-120, 122, 124, 125, 128, 130, 134-140, 173, 174
寺澤　130, 146, 149
中尾　115
並木　2, 4, 54, 208
西川　2, 127, 207
米倉　2, 4, 9, 38, 112, 200

和田　35

Adams　2, 54
Allen　2
Aronoff　2, 67
Aronoff & Fuhrhop　62
Barber　30
Barron　26
Bauer　2
Baugh & Cable　19
Benson　4
Biese　3, 57
Blake　32, 98
Boethius　95
Booij et al.　2
Bosworth & Toller　9
Bradley　31, 168
Brinton and Traugott　2, 78, 79, 81, 128, 186
Brook　149, 179
Brook and Leslie　26
Burnley　2, 27
Clark and Clark　60, 65-67, 69, 73
Crystal and Crystal　155, 156
Dalton-Puffer　3, 116, 117, 120, 122, 127, 200
Day　69
Eagleson　155, 156
Elliott　98, 179
Emonds　127
Fisiak　120, 127
Franz　35, 79
Fulk et al.　5
Görlach　112
Holt　39

Hopper and Traugott 187
Hussey 32
Iacobini 57, 59-63
Jefferson 130
Jespersen 2, 3, 36, 69, 77, 79, 168
Kageyama 66
Kaske et al. 35
Kastovsky 2, 6, 24, 25, 55, 57
Kerkhof 128
Langacker 2
Langlois 43
Leech et al. 63
Lieber 2
Liuzza 21
Lloyd 2, 115
Machan 130
Marchand 2, 3, 6, 18, 55, 57, 85, 115-117, 120, 122, 127, 131, 134, 139, 151, 200, 206, 208
Masui 52, 137
Meillet 186
Morita 78
Morris 28, 78

Mühleisen 3
Nagano 2, 3, 57, 59-61, 63, 65, 67-69
Nakao 120, 127
Nevalainen 3, 31
Palmer 3
Plag 2
Plummer 22
Quirk et al. 2, 78
Salmon 167, 172, 180, 183
Sauer 2
Schäfer 146, 149
Schmidt 27
Seymour 29
Spencer and Zwicky 2
Štekauer 2
Terasawa 2, 23
Tottie 84, 85, 90
Trips 3, 188, 196, 197
Windeatt 47
Yonekura 9, 28, 168
Zbierska-Sawala 2

米倉 綽 (よねくら ひろし)

1941年名古屋市の生まれ。名古屋大学大学院文学研究科博士課程（英文学専攻）2年中退。現在，京都府立大学名誉教授。文学博士（筑波大学）。

主な著書・論文・訳書に *The Language of the Wycliffite Bible* (Aratake Shuppan, 1985)，『英語の語形成——通時的・共時的研究の現状と課題』（編著，英潮社，2006），『ことばが語るもの』（編著，英宝社，2012），"On the Productivity of the Suffixes *-ness* and *-ity*: The Case of Chaucer" (*English Historical Linguistics and Philology in Japan*, Mouton de Gruyter, 1998)，"Compound Nouns in Late Middle English: Their Morphological, Syntactic and Semantic Description" (*From Beowulf to Caxton: Studies in Medieval Languages and Literature, Texts and Manuscripts*, Peter Lang, 2011)，"Meanings of the Word *Grace* in Late Middle and Early Modern English" (*Studies in Modern English: The Thirtieth Anniversary Publication of the Modern English Association*, Eihosha, 2014)，『英語の正書法——その歴史と現状』（共訳，荒竹出版，1999），『英語の成長と構造』（監訳，英宝社，2015）などがある。

歴史的にみた英語の語形成　　＜開拓社 言語・文化選書54＞

2015年10月21日　第1版第1刷発行

著作者　　米倉　綽
発行者　　武村哲司
印刷所　　日之出印刷株式会社

発行所　　株式会社　開拓社
〒113-0023　東京都文京区向丘1-5-2
電話　（03）5842-8900（代表）
振替　00160-8-39587
http://www.kaitakusha.co.jp

Ⓒ 2015 Hiroshi Yonekura　　　　　　　　ISBN978-4-7589-2554-9　C1382

JCOPY ＜（社）出版者著作権管理機構　委託出版物＞
本書の無断複写は著作権法上での例外を除き禁じられています。複写される場合は，そのつど事前に，（社）出版者著作権管理機構（電話 03-3513-6969，FAX 03-3513-6979，e-mail: info@jcopy.or.jp）の許諾を受けてください。